L&PM POCKET ENCYCLOPAEDIA

MARXISMO

Henri Lefebvre

MARXISMO
Uma breve introdução

Tradução de William Lagos

www.lpm.com.br
L&PM POCKET

Coleção **L&PM** POCKET, vol. 784

Texto de acordo com a nova ortografia.

Henri Lefebvre (1901-1991) foi um dos intelectuais franceses que mais atuou na divulgação do marxismo pelo mundo. Realizou também importantes contribuições nas áreas da sociologia, geografia, filosofia e crítica literária, além de ter lecionado na Universidade de Paris-Nanterre. Durante a Segunda Guerra Mundial, uniu-se à Resistência. Juntamente com Norbert Guterman, publicou a primeira tradução dos *Manuscritos Econômico-Filosóficos*, de Karl Marx, escritos em 1844. Lefebvre legou vasta obra literária, que foi amplamente traduzida.

Título original: *Le marxisme*

Primeira edição na Coleção **L&PM** POCKET: junho de 2009
Esta reimpressão: abril de 2024

Tradução: William Lagos
Capa: Ivan Pinheiro Machado. *Foto*: Rue des Archives/PVDE
Preparação de original: Patrícia Yurgel
Revisão: Lia Cremonese

CIP-Brasil. Catalogação na Fonte
Sindicato Nacional dos Editores de Livros, RJ

L521m

Lefebvre, Henri, 1901-1991
   Marxismo / Henri Lefebvre; tradução de William Lagos. – Porto Alegre, RS: L&PM, 2024.
   128p. – (Coleção L&PM POCKET, v. 784)

   Tradução de: *Le marxisme*
   Inclui bibliografia
   ISBN 978-85-254-1832-6

   1. Marx, Karl, 1818-1883. 2. Socialismo. I. Título. II. Série.

08-5248.
                      CDD: 335.4
                      CDU: 330.85

© Presses Universitaires de France, *Le marxisme*

Todos os direitos desta edição reservados a L&PM Editores
Rua Comendador Coruja, 314, loja 9 – Floresta – 90.220-180
Porto Alegre – RS – Brasil / Fone: 51.3225.5777

Pedidos & Depto. comercial: vendas@lpm.com.br
Fale conosco: info@lpm.com.br
www.lpm.com.br

Impresso no Brasil
Outono de 2024

Sumário

Aviso ao leitor 7
Introdução...9
Capítulo I – A filosofia marxista 26
Capítulo II – A moral marxista 51
Capítulo III – A sociologia marxista ou
   o materialismo histórico 62
Capítulo IV – A economia marxista 77
Capítulo V – A política marxista...................................92
Conclusão..104
Bibliografia 125

Aviso ao leitor

Este livro[1] procura condensar, em um número restrito de páginas, os elementos essenciais de uma doutrina muito vasta e complexa. Numerosos pontos importantes tiveram de ser omitidos ou apenas mencionados de passagem.

Pedimos ao leitor, portanto, que não busque aqui senão uma introdução ao estudo do marxismo desprovida de todos os detalhes e de todo o aparato de citações e referências. A fim de completar esta leitura e para a conveniência do leitor, é preferível dirigir-se diretamente aos textos originais.

Esta exposição sobre o marxismo é obra de um marxista. Isto quer dizer que o marxismo estará presente em toda a sua amplitude e com toda a força de sua argumentação. Será necessário salientar que, ao tentarmos responder aos argumentos dos adversários, nos dedicaremos aqui para colocar a discussão em seu nível mais elevado em termos de pesquisa objetiva e busca racional e desapaixonada da verdade?

Em outras obras, o autor deste estudo se esforçou em apresentar a formação do pensamento de Karl Marx, a teoria da liberdade na obra de Marx e a aplicação de seu método a vários problemas. Aqui, ele se permite convidar o leitor, caso seu interesse tenha sido despertado, a dirigir-se a esses trabalhos mais desenvolvidos.

---

1. A primeira edição deste livro foi publicada em 1948. (N.T.)

Introdução

Pouco antes da última guerra, a revista católica *Archives de philosophie* [*Arquivos filosóficos*] consagrou um grosso volume ao marxismo (o número XVIII dessa publicação). Desde o início de sua exposição, os redatores da revista advertiam seus leitores de que não se podia considerar o marxismo como uma simples atividade política ou um movimento social entre muitos outros. "Uma visão tão estreita falsificaria as perspectivas. O marxismo não é somente um método e um programa de governo, nem uma solução técnica para os problemas econômicos, ainda menos um oportunismo inconstante ou a temática de declamações oratórias. Ele dá margem a uma vasta concepção do homem e da história, do indivíduo e da sociedade, da natureza e de Deus; a uma síntese geral, ao mesmo tempo teórica e prática – em resumo, à concepção de um sistema totalitário."

Nessa declaração liminar, a hostilidade transparecia em certas expressões ("Ele dá margem..."), mas sobretudo na confusão deliberada entre doutrina completa e "sistema totalitário".

Aqui, isso tem pouca importância; o que é importante observar é que o marxismo é hoje reconhecido por seus adversários mais encarniçados como *uma concepção de mundo*. Mesmo as polêmicas de nível inferior lançadas contra ele dão toda a importância a essa declaração de teólogos e de escritores católicos importantes.

O que é uma concepção de mundo? É uma visão conjunta da natureza e do homem, uma doutrina[2] completa. Em certo sentido, uma concepção de mundo representa o que se denomina tradicionalmente de *filosofia*. Entretanto, essa expressão tem um sentido mais amplo do que a palavra "filosofia". Em primeiro lugar, toda concepção de mundo implica uma *ação*, isto é, alguma coisa mais do que uma "atitude filosófica". Mesmo que tal ação não seja formulada e incluída expressamente na doutrina, mesmo que seu elo permaneça sem ser formulado e que a ação implicada não dê lugar a um *programa*, nem por isso deixa de existir. Na concepção cristã do mundo, a ação não é outra além da política da Igreja, dependente das decisões tomadas pelas autoridades eclesiásticas; sem um laço *racional* com uma doutrina racional, essa ação nem por isso é menos real. Na concepção marxista do mundo, a ação se define racionalmente em contato com o conjunto doutrinário e dá lugar, *abertamente*, a um programa político. Esses dois exemplos demonstram suficientemente que a atividade prática, social, *política*, desdenhada ou relegada a um segundo plano pelas filosofias tradicionais, é parte integrante das concepções de mundo. Em segundo lugar, uma concepção de mundo não é forçosamente a obra deste ou daquele "pensador". Ela é acima de tudo a obra e expressão de uma época. Para atingir e formular uma concepção de mundo, é necessário estudar as obras daqueles que a formularam, mas deixar de lado as nuances e detalhes; é preciso esforçar-se para atingir o *conjunto*. Se nos ocupamos da filosofia propriamente dita ou da história da filosofia no sentido tradicional deste termo, buscamos, bem ao contrário, as menores nuances que distingam

---

2. Conforme Claude Bernard: "Quando a hipótese é submetida à verificação experimental, ela se torna uma *teoria*; ao passo que, se ela for submetida somente ao crivo da lógica, torna-se um sistema". (*Medicina experimental*, edições Gilbert, p. 285). (N.A.)

entre si os "pensadores" e que exprimam sua originalidade pessoal.

Quais são as grandes concepções de mundo que se propõem atualmente? Existem três e apenas três.

1) A *concepção cristã*, formulada com a maior nitidez e o maior rigor pelos grandes teólogos católicos.

Reduzida a seu essencial, ela se definiu pela afirmação de uma *hierarquia* estática dos seres, dos atos, dos "valores", das "formas" e das pessoas. No alto da hierarquia se encontra o Ser Supremo, o Espírito puro, o Senhor Deus.

Essa doutrina, que busca efetivamente apresentar uma visão de conjunto do universo, foi formulada em sua maior amplidão e com o mais extremo rigor durante a Idade Média. Os séculos ulteriores agregaram pouco à obra de São Tomás de Aquino. Por razões históricas que pedem um estudo particular, essa teoria da hierarquia era particularmente conveniente na Idade Média (não que tal hierarquia estática das pessoas tenha desaparecido logo depois disso, mas porque era então que se mostrava mais visível, mais oficial do que nos séculos seguintes).

É, portanto, a *concepção medieval* do mundo, que permanece válida ainda hoje.

2) Vem, a seguir, a *concepção individualista* de mundo. Ela surge no final da Idade Média, no século XVI, com Montaigne. Durante quase quatro séculos, numerosos "pensadores" formularam ou reafirmaram essa concepção, ainda que com nuances diversas. Eles não acrescentaram nada a seus traços fundamentais; o *indivíduo* (e não mais a hierarquia) aparece como a realidade essencial; ele possuiria em si mesmo, em seu foro interior, a *razão*. Entre estes dois aspectos do ser humano – o individual e o universal, isto é, a razão –, haveria uma unidade, uma *harmonia* espontânea; de forma semelhante, entre o interesse individual e o

interesse geral (ou seja, o de todos os indivíduos), entre os direitos e deveres, entre a Natureza e o Homem.

Em substituição à teoria pessimista da hierarquia (imutável em seus fundamentos e encontrando sua justificativa em um "além" puramente espiritual), o individualismo tentou estabelecer uma teoria otimista e a harmonia natural dos homens e das funções humanas. Historicamente, essa concepção de mundo corresponde ao *liberalismo*, ao crescimento do Terceiro Estado, à burguesia da *belle époque*. É, portanto, uma concepção essencialmente burguesa do mundo (ainda que a burguesia em declínio a abandone hoje em dia e se volte para uma concepção de mundo de caráter pessimista e autoritário, portanto, hierárquico).

3) Por fim, vem a *concepção marxista* do mundo. O marxismo se recusa a aceitar uma hierarquia exterior aos indivíduos (metafísica); mas, por outro lado, não se deixa encerrar, como o individualismo, na consciência do indivíduo e no exame isolado dessa consciência. É ciente de realidades que escapam ao exame da consciência individualista: são as realidades naturais (da natureza, do mundo exterior), práticas (trabalho e ação), sociais e históricas (estrutura econômica da sociedade, classes sociais etc.).

Além disso, o marxismo rejeita deliberadamente a subordinação prévia, imóvel e imutável dos elementos do homem e da sociedade uns aos outros; mas não admite tampouco a hipótese de uma harmonia espontânea. Constata, com efeito, a existência de *contradições* tanto no homem como na sociedade humana. Assim, o interesse individual (privado) pode opor-se – e frequentemente se opõe – ao interesse comum. As paixões dos indivíduos e, mais ainda, as de certos grupos ou classes (seus interesses, por conseguinte) não concordam de forma espontânea com a Razão, com o conhecimento e com a ciência. Mais geralmente ainda, a harmonia que os grandes individualistas, como Rousseau, haviam pensado descobrir entre a natureza e o homem absolutamente não existe. O homem luta contra a natureza; ele não deve descansar com passividade nela, dedicar-se a contemplá-la nem se imergir romanticamente em seu seio. Bem ao contrário, deve vencê-la e dominá-la, através do trabalho, da técnica e do conhecimento científico, e é assim que ele se transforma em si mesmo.

Quem fala em contradição fala também em problemas a resolver, dificuldades e obstáculos – portanto, luta e ação –, mas também na possibilidade de vitória, de passos à frente, de progresso. Como consequência, o marxismo escapa do pessimismo definitivo, ao mesmo tempo em que foge do otimismo fácil.

O marxismo descobriu a realidade natural histórica e lógica das contradições. A partir disso, conduz a uma tomada de consciência do mundo real, em que as contradições são evidentes (de tal modo que se rejeita o mundo moderno como irremediavelmente absurdo, caso não seja colocada no centro das preocupações a teoria das contradições e de sua resolução).

O marxismo apareceu historicamente com relação a uma forma de atividade humana que tornou evidente a luta do homem contra a natureza: as grandes indústrias modernas, com todos os problemas que acarretaram.

Ele também é formulado tendo em vista uma nova realidade social, que resume dentro de si as *contradições* da sociedade moderna: o proletariado, a classe operária. Desde suas obras de juventude, Marx constatou que o progresso técnico, o poder exercido sobre a natureza, a liberação do homem com relação à natureza e o enriquecimento geral da sociedade "moderna", ou seja, capitalista, traziam consigo uma contradição consequente: a servidão, o empobrecimento de uma parte cada vez mais numerosa dessa sociedade – a saber, o proletariado. Ao longo de toda a sua vida, ele empreendeu a análise e o processo dessa situação; demonstrou que tal contradição implicava e envolvia uma sentença de morte contra uma sociedade determinada: a sociedade capitalista.

Assim, o marxismo apareceu junto com a sociedade "moderna", com as grandes indústrias e com o proletariado industrial. Apresentou-se como a concepção de mundo que exprime o mundo moderno – suas contradições, seus problemas – trazendo soluções racionais para esses problemas.

Afirmamos há pouco existirem três concepções de mundo e somente três. Isso significa que certas teorias, que hoje se propõem como concepções de mundo, não têm qualquer direito a esse título. Por exemplo, o *existencialismo*, tão em moda hoje em dia, coloca no centro de suas preocupações a consciência e a liberdade do indivíduo tomadas como um absoluto. O existencialismo, visto sob esse ângulo, não é mais do que um substituto tardio e degenerado do individualismo clássico. Sabemos que ele repudia o otimismo fácil; também sabemos que ocasionalmente, para se "modernizar" e difundir como sendo novas algumas temáticas já envelhecidas, ele se recobre de uma tintura de marxismo. Mas isso não muda em nada o essencial, isto é, o esforço para obter uma pretensa verdade absoluta a partir de uma descrição da "existência" e da consciência individuais.

Três concepções de mundo e três somente. Isso significa que o *fascismo* e o *hitlerismo*, apesar de suas pretensões ridículas, não puderam apresentar uma "concepção de mundo". Quiseram dar a ilusão de uma renovação espiritual. Obedecendo a ordens, os ideólogos do fascismo italiano tentaram escrever uma "enciclopédia fascista". Obedecendo a ordens, os ideólogos do hitlerismo, como Rosenberg, tentaram uma nova "interpretação" da história. Se examinarmos mais de perto essa mistificação, não encontraremos mais do que um emaranhado de resíduos ideológicos. Assim, os ideólogos hitlerianos tomaram de empréstimo dos primórdios do judaísmo "a ideia" do povo eleito e da raça pura, que eles "aperfeiçoaram", em nome de considerações biológicas contestáveis. Tomaram de empréstimo do marxismo a noção do "proletariado", que deformaram fraudulentamente, apresentando pretensas "nações proletárias" (Alemanha, Itália, Japão) destinadas a vencer as democracias capitalistas. E assim por diante. Um amontoado de noções tomadas de empréstimo e desvirtuadas, um acúmulo de temas demagógicos sem elos racionais entre si (bem ao contrário, repudiando a razão), eis o que foi a pretensa "concepção de mundo" fascista.[3]

Três concepções de mundo e apenas três. Para julgá-las, convém inicialmente desvencilhar-se de uma ambientação confusa e passional que muitas vezes cerca esses problemas e apresentar a questão unicamente no plano da Razão.

O marxismo, sendo novo, não se beneficia ainda de uma espécie de prestígio sentimental sustentado por séculos de expressão filosófica e estética. Ele atraiu a novidade – a "modernidade", na melhor acepção desse termo. Mas tanto as longas meditações sobre a morte e o "além", incorporadas em inúmeras obras, como a longa exaltação do indivíduo como valor único e supremo criaram ao redor do cristianismo e em torno do individualismo um conjunto de sentimentos discordes, mas poderosos. Para julgar, é preciso inicialmente suspender as aprecia-

---

3. Conforme *La conscience mystifiée* [*A consciência enganada*], de N. Guterman e H. Lefebvre, Paris, 1936. Também de acordo com o panfleto clandestino escrito por Georges Politzer, difundido em janeiro de 1941 e reeditado em 1946 por Éditions Sociales: *Révolution et contre-révolution au XXe. siècle, réponse a Rosenberg* [*Revolução e contrarrevolução no século XX: resposta a Rosenberg*]. (N.A.)

ções sentimentais, os julgamentos de valor que permitem todas as confusões, justificam todos os erros e constituem o refúgio irracional de todos os que recusam a Razão.

É evidente que o individualismo está morrendo, mesmo que tenha deixado na sensibilidade sobrevivências profundas. A história do individualismo mostraria como os grandes representantes dessa doutrina recuaram, cederam terreno, foram obrigados a constatar com grande lástima a natureza antagônica e contraditória dos relacionamentos naturais e humanos. A obra de Nietzsche é significativa sob esse aspecto capital.

Mais ainda: o individualismo literalmente "explodiu" em função de suas próprias contradições interiores. A unidade harmoniosa que seus grandes representantes clássicos (Descartes e Leibniz, por exemplo; mais tarde, Rousseau) acreditaram ter descoberto entre o pensamento individual e o pensamento absoluto, entre a consciência individual e a verdade, entre o individual e o universal revelou-se falsa. O individual se dissociou do universal para opor-se a ele no *anarquismo*, sob todas as suas formas – literárias, sentimentais e políticas. Reciprocamente, o universal não pôde se manter dentro dessa tradição de pensamento, a não ser pelo esmagamento do individual, sob a forma de "imperativos categóricos" (Kant) do Estado, tomado como uma encarnação da razão (teóricos hegelianos da direita) etc.

Sabe-se, aliás, que todo o lado econômico, jurídico e político do individualismo – o liberalismo clássico e a doutrina do *laissez-faire* – desmoronou-se, tanto na teoria como na prática. Isso ocorreu apesar dos esforços desesperados dos "neoliberais".

Além de suas contradições internas e de sua incapacidade de compreender as contradições em geral, o velho racionalismo, o velho liberalismo e o velho individualismo se desqualificaram.

Restam frente à frente, pelo menos na França, o cristianismo (o catolicismo não "contaminado" pelo livre exame individualista protestante) e o marxismo.

Que o catolicismo seja uma doutrina política – em outros termos, que a Igreja tenha uma posição política – é coisa que hoje em dia ninguém sonha em negar e que não mais precisa nem ao menos ser provada. Somente não se salienta suficientemente a natureza do liame entre a política e a doutrina. Vamos insistir sobre esse ponto. É um liame racional? Não. A partir de proposições sobre a morte, a espiritualidade da alma e o Além, é impossível deduzir racionalmente proposições concernentes ao Estado e à estrutura social; o mesmo é verdadeiro com relação a proposições abstratas (metafísicas) sobre a hierarquia das "substâncias". O elo não é e não pode ser mais do que um elo de fato, o qual faz com que as aplicações políticas sejam externas em relação aos princípios metafísicos. De fato, a hierarquia abstrata se demonstra apta a justificar de forma abstrata uma estrutura social hierárquica que é de fato outorgada e, acima de tudo, se demonstra apta para justificar o esforço e a ação que consolidam os quadros dessa sociedade. Um elo indireto e, no fundo, irracional se estabeleceu, portanto, entre a teoria metafísica e a prática, à qual forneceu um vocabulário justificativo. Reciprocamente, sem essa ação prática a teoria permaneceria totalmente abstrata, puramente especulativa e, por isso, ineficaz. Em outros termos e para falar com clareza, a concepção cristã do mundo é hoje essencialmente *política*; ela só vive dessa maneira, ela só se torna eficaz dessa forma.[4] Entretanto, a teoria, de forma semelhante à prática (política), se situa em outro plano: o da abstração teológico-metafísica. Entre

---

4. Os esforços dos *cristãos progressistas* para o desenvolvimento de uma nova teologia despida das velhas noções hierárquicas devem ser seguidos com interesse e simpatia, mas não sem algum ceticismo... (N.A.)

os dois planos, não existe qualquer relacionamento que possa ser determinado aberta e racionalmente, o que, aliás, apresenta a vantagem de permitir uma grande liberdade de manobra.

Para o marxismo, como se verá com mais clareza a seguir, o relacionamento da ação com a teoria é completamente diverso. O marxismo aparece de início como a expressão da vida social, prática e real em seu conjunto, em seu movimento histórico, com seus problemas e suas contradições, portanto nele está compreendida a possibilidade de *ultrapassar* sua estrutura atual. As propostas concernentes à ação política se encaixam aberta e racionalmente com suas proposições gerais. São teoremas políticos subordinados a um conhecimento racional da realidade social; portanto, subordinados a uma ciência. O marxismo se apresenta, pois, sob esse ângulo, como uma *sociologia científica* com consequências políticas, enquanto que a concepção de mundo que se opõe a ele é uma *política* abstratamente justificada por uma *metafísica.*

Seria bom dissipar as confusões a respeito desse ponto importante. Entre tantos erros que se cometem sobre o marxismo, esta interpretação permanece uma das mais difundidas, a saber, que o marxismo consistiria essencialmente em uma política justificada em nível secundário por uma tentativa de interpretação do mundo. E se verifica precisamente que não é o marxismo que pode ser definido de tal maneira.

Se aceitarmos a ampla definição de "marxismo" como uma *concepção de mundo* e como a expressão da época moderna com todos os seus problemas, fica claro que o "marxismo" não se reduz à obra de Karl Marx, ou seja, que não deve ser representado simplesmente como o "pensamento de Marx" ou a "filosofia de Marx".

Efetivamente, de acordo com o próprio Marx, a elaboração racional (científica) dos dados da experiência e do pensamento moderno começam bem antes dele:

1) As pesquisas sobre o trabalho como relacionamento ativo e fundamental do homem com a natureza – sobre a divisão do trabalho social, sobre a troca de produtos do trabalho etc. – tiveram início no final do século XVIII, no país que era na época o mais desenvolvido industrialmente (a Inglaterra), por uma série de grandes economistas: Petty, Smith, Ricardo.

2) As pesquisas sobre a natureza como uma realidade objetiva, como a origem do homem, foram iniciadas e empreendidas pelos grandes filósofos materialistas: d'Holbach, Diderot, Helvécio e, mais tarde, por Feuerbach, do mesmo modo que pelos "sábios", matemáticos, físicos e biólogos que, ao longo dos séculos XVIII e XIX, desvendaram algumas leis da natureza.

3) As pesquisas sobre os grandes grupos sociais, as classes e suas lutas, foram inauguradas pelos historiadores franceses do século XIX: Thierry, Mignet, Guizot, no decurso de pesquisas sobre os eventos revolucionários ou acontecimentos influenciados por tais eventos.

4) A ruptura com a concepção de um mundo harmonioso se operou desde a metade do século XVIII. Ela se encontrava de certa forma na obra de Voltaire (*Cândido*), na de Rousseau (*A sociedade oposta à natureza*) e na de Kant. A influência de Malthus, apesar de todos os seus erros, não pode ser subestimada (teoria da concorrência e da *struggle for life*[5]); mais tarde, Darwin deu o golpe de misericórdia no otimismo fácil.

Porém, sobre esse ponto, a obra essencial é e permanecerá sendo a de Hegel. Foi somente ele quem originou o conceito e projetou plena luz sobre a importância, a função, a multiplicidade das *contradições* no homem, na

---

5. "A luta pela vida", em inglês no original. (N.T.)

história e até mesmo na natureza. O ano de 1813 (publicação da *Fenomenologia do espírito*) deve ser considerado como uma data capital na formação da nova conceitualização do mundo.

5) Os grandes *socialistas* franceses do século XIX apresentaram problemas novos: o problema da organização científica da economia moderna (Saint-Simon), o problema da classe operária e do futuro político do proletariado (Proudhon), o problema do homem, de seu futuro e das condições da realização humana (Fourier).

6) Finalmente, convém não esquecer que a palavra "marxismo" – que passou a moeda corrente – contém uma espécie de injustiça; desde seu começo, o "marxismo"[6] resultou de uma verdadeira obra colaborativa dentro da qual se expandiu o gênio propriamente dito de Marx. Porém, as contribuições de Friedrich Engels para o marxismo não podem ser deixadas de lado ou lançadas para um segundo plano. Em particular, foi Engels que chamou a atenção de Karl Marx para a importância dos fatos econômicos, para a situação do proletariado etc.

Todos esses elementos, múltiplos e complexos, se encontram no marxismo.

Quais foram, portanto, as ideias de Marx, suas contribuições originais?

1) As descobertas mais audaciosas do pensamento humano do século XVIII e da primeira metade do século XIX permaneciam dispersas, isoladas umas das outras. Além disso, cada uma dessas doutrinas era limitada e tendia a

---

6. É evidente que, algum dia, não se falará mais em "marxismo", do mesmo modo que ninguém mais emprega o termo "pasteurismo" para designar a bacteriologia. Mas ainda não chegamos nesse ponto! (N.A.)

fixar-se em um "sistema" incompleto e unilateral. Desse modo, o materialismo inspirado pelas ciências da natureza, o materialismo francês do século XVIII, tendia a um mecanicismo, isto é, a um reducionismo da natureza a elementos materiais, sempre e por toda parte idênticos a si mesmos. Ao contrário, a teoria das contradições de Hegel tendia a fixar-se em um idealismo abstrato, definindo todas as coisas, de uma vez por todas, através da presença nelas da contradição tomada de modo geral. Do mesmo modo, os trabalhos dos economistas clássicos haviam parado em determinado ponto, justamente quando, para continuar a análise, era necessário levar em consideração as contradições reais da estrutura econômica e social dessas *classes* novamente descobertas pelos historiadores franceses. Por fim, incapazes de dar uma fundamentação teórica e prática às suas aspirações, os socialistas permaneceram *utópicos*, construindo sociedades ideais apenas em sua imaginação.

O gênio de Marx (e de Engels) foi o de apoderar-se de todas essas doutrinas, até então encerradas em seus próprios domínios, ver nelas as expressões, fragmentárias mas inseparáveis, da civilização industrial moderna, seus problemas e os esclarecimentos novos lançados sobre a natureza e a história pelos novos tempos.

Foi Marx quem soube quebrar as comportas dos compartimentos estanques, separar as doutrinas de suas limitações; desse modo, captou-as em seus movimentos mais profundos. Ainda que elas se opusessem contraditoriamente (por exemplo, o materialismo e o idealismo); ainda que elas apresentassem contradições internas (os historiadores que descobriram a luta de classes na Revolução Francesa eram em sua maior parte reacionários; o próprio Hegel perdeu-se ao chegar a esse impasse etc.), Marx soube resolver essas contradições e ultrapassar tais doutrinas incompletas (isto é, transformá-las profundamente e criticá-las em seu processo de integração). Soube tirar delas uma teoria nova, extremamente original, mas cuja originalidade não deve ser compreendida de modo subjetivo como a expressão da fantasia, da imaginação criadora ou do gênio individual de Marx. Sua originalidade reside precisamente no fato de que ele mergulha na realidade que descobriu e expressou, em lugar de separar-se dela ou destacar dela um fragmento isolado. É assim que sua teoria abrange, ao mesmo tempo em que transforma, todas as doutrinas que a prepararam e que sem ela permaneceriam fragmentárias.

Nesse esforço, brevemente resumido acima, do pensamento marxista para ser a "*síntese*" de todos os conhecimentos, já podemos pressentir todas as características desse pensamento, todos os traços essenciais do método marxista: a retirada dos fatos e das ideias de seu aparente isolamento, a descoberta de que *tudo se relaciona*, o seguimento do *movimento conjunto* que se esboça através de seus aspectos dispersos, a *resolução das contradições* a fim de atingir (por um súbito progresso) uma realidade ou um pensamento mais elevados, mais amplos, mais complexos e mais ricos.

2) Mas a obra pessoal de Marx (e de Engels) não foi somente uma síntese transformadora de seus próprios elementos. Também lhes devemos a compreensão nítida e clara da importância dos fenômenos econômicos e a afirmação nítida e clara de que tais fenômenos devem ser realçados através de um estudo científico, racional e metodicamente orientado, embasado em fatos objetivos e determináveis. É isso que chamamos de *materialismo histórico*, o alicerce de uma *sociologia científica* (a bem dizer, os dois termos são equivalentes e designam dois aspectos de uma mesma pesquisa).

3) Também a Marx devem ser creditadas a descoberta da estrutura contraditória da economia capitalista e a análise do fato crucial, do relacionamento essencial (e essencialmente contraditório) que constitui essa economia: o *salário*, a produção da *mais-valia*.

4) Finalmente, cabe a Marx a descoberta do papel histórico do proletariado e a possibilidade de uma política independente (com relação à burguesia) da classe operária, e uma transformação dos relacionamentos sociais por meio de tal política.

O *materialismo histórico* foi concebido entre 1844 e 1845. A teoria da *mais-valia* (ou do *salário*), do mesmo modo que o emprego claro da análise das contradições (o método dialético) e a aplicação lúcida dessa análise ao estudo do capitalismo, datam de 1857.

Para completar, *a política independente do proletariado* foi definida após as experiências dos anos de 1848 a 1850 e aprofundada mais tarde pela análise dos eventos transcorridos na França de 1870 a 1871 (Comuna de Paris).

O desenvolvimento do marxismo, constituído pelo movimento de um pensamento simbólico e unificador, nunca se interrompeu ou se fixou. Apresenta-se como um conhecimento racional do mundo que, continuamente, se aprofunda e ultrapassa a si mesmo. Esse enriquecimento não se deteve até nossos dias. Foi buscado no passado e ainda será buscado no futuro. Como uma ciência, o marxismo se desenvolve, sem com isso destruir os seus princípios. Esse é um ponto em que se difere de todas as filosofias clássicas. Entretanto é, como veremos adiante, ao mesmo tempo, uma ciência (a sociologia científica, a economia racionalmente estudada etc.) e uma *filosofia* (uma teoria do conhecimento, da Razão, do método racional etc.). Unifica em si dois elementos do pensamento humano, até então separados, isolados e incompletos: a ciência e a filosofia.

O marxismo, como concepção de mundo tomada em toda a sua amplitude, se denomina *materialismo dialético*. Com efeito, ele sintetiza e unifica dois elementos que Marx encontrou separados e isolados na ciência e na filosofia de seu tempo: o materialismo filosófico, a ciência já avançada da natureza, e uma ciência esboçada a partir da realidade humana, a dialética de Hegel, isto é, a teoria das *contradições*.

A denominação "materialismo dialético" convém à doutrina assim designada mais exatamente do que o termo habitual, "marxismo". Com efeito, ela mostra melhor os elementos essenciais dessa vasta síntese e, sobretudo – sem a destacar da obra propriamente dita de Marx –, permite melhor compreender nessa doutrina a expressão de uma época, e não a de um indivíduo.

A exposição que se seguirá deixa expressamente de lado a formação, a história e a pré-história do *materialismo dialético* (que remonta ao pensamento grego, especialmente a Heráclito).

Em todo o conhecimento racional, a demonstração dos resultados atingidos modifica e, algumas vezes, inverte a ordem segundo a qual tais resultados foram obtidos. Ainda que os resultados (os conhecimentos efetivamente alcançados) não possam se separar do processo de pensamento que os obteve, não é menos verdadeiro que o essencial se encontra no final desse processos. As etapas intermediárias não têm outra importância que a de haverem servido para preparar o resultado final. Elas permitem compreender melhor o caminho seguido pelo pensamento, mas a exposição pode dispensá-las porque os conhecimentos atingidos já as ultrapassaram.

O mesmo vale para o materialismo dialético. É certo que será esclarecido de forma singular pelo estudo de sua pré-história (de Heráclito ao século XVIII) e de sua história propriamente dita (o materialismo filosófico dos séculos XVIII e XIX, a dialética ainda idealista de Hegel, as etapas intermediárias do pensamento de Marx e de Engels etc.). Contudo, não é indispensável descrever todas essas fases intermediárias para a apresentação de uma exposição doutrinária.

Capítulo I
A filosofia marxista

Considerado filosoficamente (isto é, até o ponto em que responde aos problemas que costumam ser denominados como filosóficos), o marxismo ou materialismo dialético nos apresenta dois aspectos principais.

O primeiro, considerado aqui como essencial, é o aspecto *metodológico*. Hegel havia retomado e desenvolvido em sua *Lógica* algumas questões já tratadas – por Aristóteles, Descartes, Leibniz e Kant –, relativas ao emprego metódico da Razão. Marx, no decorrer de seus trabalhos científicos, aprofundou a lógica hegeliana e continuou a elaboração do *método dialético*.

Por outro lado, Hegel, em sua *Fenomenologia do espírito*, esboçou uma história geral da Consciência Humana. Marx retomou esse esforço; da fenomenologia hegeliana, ele reteve principalmente, com o propósito de transformá-la em teoria concreta, a célebre e obscura noção de *alienação*.

Seguindo a observação precedente, a elaboração dessa última teoria precedeu de fato à retomada por Marx dos trabalhos sobre o método. Com efeito, dentro de uma exposição doutrinária, é legítimo considerar o método como sendo primordial.

Este resumo do materialismo dialético considerado filosoficamente começará, portanto, por uma breve exposição da metodologia dialética e será seguido de um resumo do que significa a alienação.

I. O método dialético

Toda discussão e todo esforço para fazer avançar os conhecimentos procedem por meio da confrontação de teses opostas: o pró e o contra, o sim e o não, a afirmação e a crítica.

Isso já é bastante conhecido e claro o suficiente para que seja admitido sem dificuldades.

Mas de onde vêm as teses opostas que se enfrentam? Aqui a questão se torna delicada. Em geral, admite-se sem grande aprofundamento que as divergências entre os indivíduos que pensam e se exprimem derivam de seus erros e da insuficiência de suas reflexões. Se eles fossem capazes, iriam mais além; se tivessem os dons (intuição ou gênio) indispensáveis, captariam facilmente a verdade à primeira vista.

Essa teoria, adotada por muitos filósofos e também pelo julgamento da maioria, atribui, portanto, as *contradições* do pensamento exclusivamente às deficiências desse pensamento, ao fato de que todo pensamento humano permanece incompleto. É necessário rejeitar essa explicação? Certamente não; em muitos casos (e a prática, isto é, a menor discussão real deste tema, o demonstra) um exame mais aprofundado permite entrar em acordo e abandonar as contradições. Todavia, essa teoria não é suficiente, porque não toma em consideração dois pontos importantes.

Inicialmente, as teses que se enfrentam não são apenas diferentes ou divergentes. São opostas e, algumas vezes, contraditórias. É por esse motivo que se enfrentam. Para tomar um exemplo mais simples: se um diz "branco" e o outro diz "negro", eles se compreendem, porque estão discutindo sobre a mesma coisa, ou seja, a cor de um objeto. Certamente uma inspeção mais cuidadosa desse objeto permite discernir se é branco ou negro; ainda assim, nem sempre é fácil, porque pode ser cinzento, ou mostrar sombras ou mudar de nuance etc. Além disso, para que a discussão seja possível, é necessário que haja objetos dessa classe que sejam negros e outros brancos! Em consequência, as teses contraditórias presentes não têm sua origem única e exclusiva no pensamento daqueles que discutem (em sua consciência "subjetiva", como dizem os filósofos).

Em segundo lugar, a teoria em questão esquece que a confrontação de teses não é um simples acidente de pesquisa que poderia ser posto de lado. É claro que, na imaginação (isto é, metafisicamente), o filósofo pode se transportar, em um único instante, para o âmago das próprias coisas; pode sonhar que conheceu em um único átimo a verdade absoluta, como a conheceria um espírito puro que pudesse efetivamente transportar-se para o interior das coisas. Mas isso não é mais do que o efeito da imaginação e do sonho. *De fato*, o filósofo, como todos os demais seres humanos, é obrigado a buscar a verdade, tatear e avançar passo a passo, confrontando as experiências, as hipóteses, os conhecimentos já adquiridos, com todas as *contradições* que eles apresentam.

Chegamos assim, com tanta simplicidade, a um resultado de extrema importância.

As contradições no pensamento humano (que se manifestam em todas as partes e a cada instante) apresentam um problema essencial. Elas têm origem, pelo menos parcialmente, nas deficiências do pensamento humano, que não pode captar de uma só vez todos os aspectos de uma coisa e precisa quebrar (analisar) o conjunto em suas partes constituintes antes de poder compreendê-lo. Mas essa unilateralidade de todo pensamento não basta para explicar as contradições; é preciso admitir que as contradições têm um fundamento nas próprias coisas e que estas são o ponto de partida. Em outros termos, as contradições do pensamento e das consciências subjetivas dos homens apresentam um fundamento *objetivo* e *real*. Se existem "pró e contra", "sim e não", é porque as realidades apresentam não somente aspectos múltiplos, mas facetas mutáveis e contraditórias. Desse modo, o pensamento humano, que não consegue captar de uma só vez as coisas reais, se vê obrigado a tatear e caminhar através de suas próprias dificuldades e contradições até atingir as realidades movediças e instáveis e as contradições reais.

Frente a esse problema capital – apresentado pelas contradições – somente duas atitudes são possíveis para a inteligência e a razão.

Podemos rejeitar em bloco todas as contradições como sendo absurdas. Decretamos que elas são apenas aparentes e superficiais, que derivam apenas das deficiências do pensamento humano e do fato que não podemos dar um salto e capturar toda a verdade. Nesse caso, supomos necessariamente que a verdade existe por si mesma antes do esforço humano para captá-la; que o homem poderia ou deveria atingi-la por meio de uma intuição ou de uma revelação misteriosa; que a verdade é eterna, imóvel e imutável. Essa é a atitude metafísica. Está claro que ela tende a negligenciar ou mesmo a negar as condições concretas do esforço humano em direção ao conhecimento.

Ou então admitimos, simultaneamente, que o pensamento humano busca a verdade através das contradições e que as contradições têm um sentido objetivo, uma fundamentação na realidade. Cessamos de rejeitar como aparentes ou absurdas todas as contradições; justamente ao contrário, colocamos no centro das preocupações a pesquisa das contradições e de seus fundamentos objetivos. Consideramos que os métodos tradicionais do pensamento refletido devem ser aprofundados no seguinte sentido: ao determinarmos, mais fortemente do que nunca, a verdade e a objetividade como alvos da razão, também definimos uma razão aprofundada: *a razão dialética*.

Esse é evidentemente um problema fundamental hoje em dia. Dá lugar a um dilema, a um "ou isto... ou aquilo". As duas respostas são incompatíveis: ou se aceita uma, ou se escolhe a outra! Falando claramente, só a razão dialética nos traz uma solução, porque somente ela se esforça para compreender as condições concretas da pesquisa e os caracteres concretos do real.

Marx foi o primeiro a adotar e empregar de modo coerente o *método dialético*. Metodicamente, estudando uma realidade objetiva determinada, ele *analisou os aspectos e os elementos contraditórios dessa realidade* (tomando em consideração, consequentemente, todas as noções contraditórias que eram propagadas, mas nas quais não se sabia o que havia de verdadeiro). Após ter distinguido os aspectos ou os elementos contraditórios, sem negligenciar seus liames, sem esquecer que se tratava de *uma única* realidade, ele a refaz em sua *unidade*, isto é, no conjunto de seu *movimento*.

Importantes indicações metodológicas se encontram no prefácio de *O capital*. Um único ponto importa, diz Marx: descobrir a lei dos fenômenos estudados; descobrir não somente os relacionamentos dos elementos de um fenômeno em um dado momento, mas a lei de suas modificações e de sua evolução.

Para isso, segundo ele, é conveniente distinguir entre o método da pesquisa e o método da exposição.

A *pesquisa* deve "apropriar-se detalhadamente" da matéria, isto é, do objeto estudado; deve analisá-lo e descobrir as relações internas de seus elementos entre si. O método da análise deve convir ao objeto estudado. É necessário evitar o emprego em economia política dos métodos que permitiram a descoberta das leis físicas ou químicas. Mais ainda: cada período histórico possui suas próprias leis. A análise dos fatos sociais demonstra que entre os organismos sociais há diferenças tão profundas como as existentes entre os organismos vegetais e animais, e que um fenômeno está submetido a leis diferentes de acordo com o conjunto dentro do qual figura.

Estudar cientificamente, isto é, *analisar* a vida econômica, é, portanto, descobrir dentro da formação econômica e social um *processo natural*, ainda que *sui generis* – em outras palavras, específico à vida econômica e diferente dos processos físicos, químicos e biológicos. Também é, portanto, descobrir as leis particulares que regem o nascimento, o desenvolvimento e a morte de cada conjunto social, assim como sua substituição por um outro.

Após a análise, vem a *exposição*. Quando ela é atingida com sucesso, a vida do objeto considerado e o movimento da matéria estudada refletem-se nas ideias expostas. Chega-se a um ponto que os leitores imaginam algumas vezes ter diante de seus olhos uma construção *a priori* da coisa descrita.[7]

Descartes, em seu *Discurso do método*, já havia apresentado as regras para a *análise* (atingir os elementos da coisa estudada) e a *síntese* (reconstituir o conjunto).

Kant, Auguste Comte e muitos outros já haviam insistido sobre a exigência fundamental da pesquisa científica e da razão humana: não se isolar o objeto considerado, buscar suas ligações e suas relações constantes e regulares com outros fenômenos.

Desse modo, o que é que traz de novo o método marxista, inspirado em Hegel?

1) Afirma que a análise suficientemente aprofundada de toda a realidade atinge elementos *contraditórios* (por exemplo, o positivo e o negativo, o proletariado e a burguesia, o ser e o nada, sendo que esses exemplos foram voluntariamente tomados de empréstimo de campos bastante diferentes).

---

7. É precisamente isso que se produz no espírito de numerosas pessoas de boa-fé, quando ouvem ou leem a exposição do *materialismo dialético*. Uma teoria nova jamais é compreendida enquanto se continua a julgá-la através dos métodos das teorias antigas e das interpretações fundamentadas (sem que isso seja percebido por aquele que reflete) sobre essas teorias antigas. (N.A.)

A importância da contradição tinha escapado a Descartes e até mesmo a Kant (para não falar de Auguste Comte). Somente Hegel a tinha percebido; logo a seguir, Marx, aplicando a hipótese hegeliana à análise das realidades sociais, econômicas e políticas, confirmou-lhe a verdade profunda.

2) O método marxista insiste muito mais claramente que as metodologias anteriores em um fato essencial: a realidade a ser atingida por meio da análise e reconstruída através da exposição (sintética) é sempre uma realidade *em movimento*.

Ainda que a análise se inicie pela quebra desse movimento a fim de alcançar seus elementos, chegando assim, em um certo sentido, a um conjunto de abstrações (exatamente como um fisiologista que separa os elementos de um tecido orgânico para estudá-los ou deles retira uma única célula para examiná-la sob o microscópio), o método marxista afirma que é possível a reconstituição não só do todo como também do movimento. É claro que ela apenas pode ser atingida pela abstração prévia dos elementos; para chegar a esse resultado, eles têm de ser primeiro separados e isolados. Entretanto, desde que a análise tenha sido bem conduzida, ela apenas separa os elementos para descobrir quais são as conexões existentes entre eles, as relações internas que compõem o todo. De maneira semelhante, ela apenas compara e descobre as analogias para discernir melhor as diferenças. Assim, a reconstituição do conjunto, isto é, do todo em movimento, não é incompatível com a análise, ou seja, a dissecação anatômica do todo. Ao contrário.

3) Também mais nitidamente do que nas metodologias anteriores, o método marxista insiste sobre a originalidade (qualitativa) de cada espécie de objetos estudados e até

mesmo de cada objeto individual. Uma vez que cada um possui suas qualidades e suas diferenças, o sábio deve ter como objetivo atingir a lei particular desse objeto: seu *devir*, sua forma de autotransformação.

Mas então – pode-se pensar – este método abandona todo princípio universal, portanto deixa de ser racional. Pois não se adapta a cada objeto?

Não é nada disso: ainda que seja verdade que a análise se aplica especificamente a cada objeto, nem por isso ela se aplica menos às verdades universais. Por exemplo: "Em toda parte e sempre, em todas as coisas, existem contradições". Essas contradições podem efetivamente revelar-se diferentes umas das outras, originais e específicas em cada caso; mas nem por isso deixam de se interligar a uma teoria geral, isto é, a uma verdade universal e, portanto, racional.

A aplicação a cada caso particular do método universal e racional não pode ser feita de forma mecânica. A teoria lógica das contradições não permite dizer quais contradições se encontram neste ou naquele objeto, nesta ou naquela realidade particular, no coração deste ou daquele movimento real. Nada substitui o contato com o próprio objeto, com sua análise, com a captura de sua realidade, de sua *matéria*.

É desse modo que o método dialético empregado por Marx difere profundamente da dialética hegeliana. O que efetivamente fez Hegel? Depois de ter chamado a atenção para a importância primordial da contradição em todos os planos (da natureza e da história), ele acreditou poder definir abstratamente a contradição em geral. A seguir, esforçou-se para servir-se dessa definição lógica (formal) a fim de reconstruir as contradições reais, os movimentos reais. Essa reconstrução (ainda que Hegel analisasse, ao longo do processo, numerosos conhecimentos adquiridos e outros tantos fatos concretos) só fazia sentido na cabeça do filósofo: era uma reconstrução especulativa e metafísica do real. Tudo o que existe e vive somente vive e existe por meio de um movimento, de um devir; mas Hegel, à força de abstrações, atingiu uma fórmula puramente abstrata e puramente lógica do movimento em geral. Julgou ter ali encontrado o método absoluto, ou seja, ter nessa fórmula a explicação de todas as coisas, nela encerrando o movimento de todas as coisas.

Marx, ao contrário (nunca é demais insistir neste ponto essencial), afirma que a ideia geral, o *método*, não dispensa de capturar cada objeto em sua própria essência. O método é apenas um guia, um arcabouço genérico, uma orientação para a razão no conhecimento de cada realidade. De cada realidade é preciso capturar *as suas* contradições particulares, *o seu* movimento individual (interno), *a sua* qualidade e *as suas* transformações bruscas. A forma (lógica) do método deve, então, subordinar-se ao conteúdo, ao objeto, *à matéria* estudada; ela permite abordar de forma eficaz seu estudo, captando os aspectos mais gerais dessa realidade, mas não substitui jamais a pesquisa científica por uma construção abstrata. Mesmo que *a exposição* dos resultados obtidos tenha o aspecto de reconstrução da coisa, isso não é mais do que uma aparência: não existe construção ou reconstrução factual, mas um encadeamento de resultados da pesquisa e da análise, de modo a reconstituir em seu conjunto o movimento (a história) da coisa; por exemplo, a história do Capital.

Assim, as ideias que se tem sobre as coisas – o mundo das ideias – não são mais do que o mundo real, *material*, expresso e *refletido* na cabeça das pessoas, isto é, são edificadas a partir da prática e do contato ativo com o *mundo exterior* por meio de um processo complexo de que participa toda a *cultura*.

Qual será portanto o método da nova ciência criada por Marx, a sociologia científica?

Ela considera um conjunto, um todo concreto: um país determinado. Esse conjunto concreto aparece a seguir sob vários aspectos: a distribuição da população pelas cidades e pelos campos, a produção e o consumo, a importação e a exportação etc. Uma simples descrição, por exemplo, do gênero de vida, dos trabalhos ou da geografia humana nos fornece alguns conhecimentos sociológicos sobre a nação, mas não se vai muito além disso. Ela não nos mostra sua história e sua formação. Ela não atinge a estrutura econômica e social, isto é, a essência dos fenômenos que estão sendo descritos. Para aprofundar o entendimento, é preciso analisar.

O que nos dá a análise? Descobre inicialmente grupos concretos da população (camponeses, operários, artesãos, burgueses de camadas baixa, média e alta), ou seja, *classes sociais*. Mas essas classes não passam de abstrações se a análise não prosseguir nem atingir os elementos sobre os quais elas repousam: capital, salários etc. Porém, esses elementos, por sua vez, supõem a troca, a divisão do trabalho, os preços etc. A análise encontra por toda parte, então, elementos ao mesmo tempo contraditórios e indissolúveis (produção e consumo, conjunto social e classes sociais etc.) e precisa estabelecer as distinções entre eles sem deixar escapar seus liames. Além disso, ela atinge conceitos cada vez mais simples, mas que são, por assim dizer, engajados e incorporados na contextualidade complexa da realidade social, da qual são, portanto, os elementos reais: valor e preço, divisão do trabalho etc.

Muitos economistas e sociólogos se dedicaram a essa empresa (sabemos que de Adam Smith a Durkheim a divisão do trabalho foi frequentemente estudada). Mas em princípio, porque não são dialéticos, eles perdem o elo das contradições. Por exemplo, estudavam o consumo ou a distribuição dos produtos (circulação, comércio etc.) separadamente de produção em si, sem compreender que são eles dois aspectos inseparáveis do mesmo processo social, dos quais, diga-se de passagem, o modo de produção é o mais essencial. Ou ainda, eles não chegavam a captar os relacionamentos existentes entre a burguesia e o proletariado, relacionamentos dialéticos que envolvem um conflito constante; esses dois aspectos reais da sociedade moderna nascem ao mesmo tempo e são inseparáveis, de tal sorte que os não dialéticos veem aqui uma simples simultaneidade, ou até mesmo uma "harmonia", enquanto que neste, como em muitos outros casos, o relacionamento significa, também e concomitantemente, luta, devir, um movimento que avança em saltos progressivos para uma nova realidade.

Em segundo lugar, esses economistas e sociólogos, atingindo os elementos simples (tais como a divisão do trabalho, o valor de troca e o valor de uso dos produtos etc.), neles enxergaram simples conceitos abstratos. Eles interrompiam todas as suas pesquisas ao atingirem tal resultado. Não compreendiam que sua análise não era mais do que a primeira parte de uma pesquisa científica e que, a seguir, era necessário, sem arbitrariedades, sem reconstruções fantasiosas da realidade, refazer o caminho em sentido contrário e recobrar o todo, o concreto, somente agora analisado e compreendido.

A exposição do todo concreto a partir de seus elementos é, segundo Marx, o único método científico. O primeiro método, o da análise abstrata, conduz à "volatilização" do todo concreto em conceitos abstratos. É somente o segundo método que permite reproduzir o real (sua estrutura e seus movimentos) no pensamento. Todavia, este segundo método apresenta um risco. Hegel compreendeu muito bem que o concreto é concreto porque é complexo, rico em aspectos diversos, rico de elementos e determinações múltiplas; de tal modo que, para o conhecimento, o concreto não pode ser senão um resultado atingido por meio da análise, através dela e segundo ela. Portanto, é bom que esta seja o verdadeiro ponto de partida, e que seu conhecimento seja o único fim do pensamento. Mas Hegel acreditou poder atingir tal resultado unicamente através do pensamento, refletindo de forma isolada, com suas próprias forças e movido apenas por si mesmo. Ao erro da análise abstrata corresponde o erro da síntese abstrata adotada por Hegel.

Como opera então o método dialético? Não toma de modo abstrato elementos abstratos obtidos pela análise. Sabe que eles possuem, em sua qualidade de elementos, um sentido concreto e uma existência concreta. Assim, a análise do capital atinge um elemento, que é o mais simples de todos: o valor (a partir do momento em que há uma troca, os produtos assumem um valor de troca distinto de seu valor de uso). O método dialético retoma as condições concretas dessa determinação simples, em lugar de isolá-las e considerá-las separadamente. Tais condições, apanhadas do movimento real, são históricas. Assim, o valor de troca existiu historicamente como uma categoria real e dominante desde o início do capital comercial, desde os mercados das sociedades da Antiguidade até a Idade Média. Nesse momento, devido a determinados relacionamentos de produção (artesanato, por exemplo), com um certo tipo de propriedade, de comunidade, de família ou de Estado – considerado como um aspecto então essencial da totalidade viva –, aparece o valor de troca, não como um conceito abstrato, mas como uma realidade concreta. No curso do desenvolvimento histórico, o valor de troca foi incorporado e envolvido em realidades e determinações mais complexas. Para o capitalismo industrial e financeiro, ele não é mais do que uma categoria elementar, implicada e integrada, mas modificada; ele conduz, como categoria econômica, a uma existência antediluviana. A análise o encontra sob sedimentos ulteriores, para empregar uma metáfora bastante fácil de compreender; ela o encontra nos porões da formação econômica social atual; Logo após, ele segue o movimento histórico, no decorrer do qual a produção simples dos mercadores e o valor de troca como categoria dominante se desenvolveram, sendo modificados e transformados em capitalismo. A análise permite assim reencontrar o movimento real em seu conjunto, portanto o expõe e compreende a totalidade concreta vigente na atualidade, isto é, a estrutura econômica e social atual. O conhecimento dessa totalidade, através de seus movimentos históricos e de seu devir, é um resultado do pensamento, mas não se trata absolutamente de uma reconstrução abstrata obtida por um pensamento que acumularia conceitos externos aos fatos, às experiências e aos documentos.[8]

II. A alienação do homem

O humano é um fato: o pensamento, o conhecimento, a razão e também certos sentimentos, tais como a amizade, o amor, a coragem, o sentimento de responsabilidade, o sentimento da dignidade do homem ou a veracidade merecem, sem contestação possível, esse atributo. Eles se distinguem das impressões fisiológicas dos animais, e mesmo que se admita a existência de seres subumanos, é inteiramente necessário conceder ao ser humano o seu domínio próprio.

Quanto à palavra desumano, todos sabemos hoje em dia o que ela designa: a injustiça, a opressão, a crueldade, a violência, a miséria e o sofrimento evitáveis...

Mas não foi sempre assim. Antigamente, essas noções não estavam tão claramente formuladas. O humano

---

8. Os textos de Marx, resumidos e comentados acima se encontram por extenso em *Misère de la Philosophie*, Gesamtausgabe, VI, p. 178 etc. [*A miséria da filosofia*, *Obras completas*]; em *Einleitung zu einer Kritik der politische Ökonomie* [*Introdução a uma crítica da economia política*], 1857; e nos prefácios de *O capital*. (N.A.)

e o desumano, tanto na vida como na consciência, se confundiam indiscernivelmente. E de onde provém o fato de que hoje eles sejam discernidos pela consciência cotidiana? Sem dúvida do fato de que o reino do humano parece agora *possível*, de que uma reivindicação profunda na mente de todos, fundamentada diretamente nas consciências da vida cotidiana, projeta sua luz sobre o mundo.

Agora se apresenta a difícil questão do relacionamento entre o humano e o desumano.

Os metafísicos definem o humano por meio de um único de seus atributos: o conhecimento ou a razão. Em princípio, relegavam para o desumano todos os demais aspectos do homem. Além disso, seu conhecimento, sua razão, para não ficar flutuando no ar, deveria prender-se a um pensamento, uma razão e um conhecimento sobre-humanos. Derivava daí sua depreciação sistemática do humano (da vida, da atividade, da paixão, da imaginação, do prazer etc.), assim confundidos com o desumano.

A religião (o cristianismo) evita cuidadosamente colocar no mesmo plano as virtudes humanas (a bondade, por exemplo) e os vícios. Entretanto, devido à sua inspiração teológica, ela confunde na mesma reprovação tais aspectos do homem e rejeita até mesmo o que sua moral se vê obrigada a reabilitar: as virtudes. É uma profunda contradição que a teologia não tem condições de resolver. O humano e o desumano não se distinguem: o homem completo é afetado por uma imundície fundamental. Tanto a ciência como a injustiça, tanto a revolta como a violência opressiva são colocadas entre as consequências do pecado original. O humano e o desumano aparecem como uma alienação da verdade eterna, como uma queda da condição divina.

A metafísica e a religião nos trouxeram, portanto, uma teoria da *alienação*. Para um metafísico, como Platão, a vida, a natureza e a matéria são "*o outro*" aspecto da Ideia pura (do Conhecimento), isto é, sua decadência. Igualmente, para o estoicismo, todo desejo e toda paixão são alienações da razão pura. Com efeito, por força da razão, o sábio estoico reina sobre si mesmo e se desprende de tudo que não dependa diretamente de si, de tudo quanto não seja somente ele. Todavia, através do desejo e da paixão, o homem que não é sábio se prende ao "outro", que não ele mesmo; ele depende desse "outro", ou seja, ele *se aliena*, isto é, torna-se louco, delirante, infeliz, absurdo, portanto desumano ou demasiadamente humano.

Hegel retomou a noção filosófica da alienação, porém foi Marx quem lhe atribuiu o seu sentido dialético, racional e positivo. E esse é um aspecto filosófico essencial e pouco compreendido do marxismo, ainda que seja célebre.

Inicialmente, o fato de que o humano se discerne do desumano para o homem moderno não serve como prova de que eles possam se definir de forma abstrata e menos ainda que se possa negar o desumano por meio de um ato de pensamento ou de condenação moral. Isso prova unicamente que o conflito entre o humano e o desumano (sua contradição) entra em um período de tensão extrema, o que significa que se aproxima de sua solução, porque ingressa na consciência, e a consciência pressiona, reclama e exige essa solução.

De uma forma mais geral, a dialética demonstra que o humano precisou desenvolver-se ao longo da história. Mas o homem não poderia crescer "harmoniosamente", isto é, adquirir novas capacidades, unicamente pelo esforço da boa vontade, de tal modo que sua história se desenvolvesse inteiramente em um plano moral ou intelectual? Essa hipótese idealista não toma em consideração a dialética. Ela aplica ao passado o método da construção abstrata e fantasmagórica que os utopistas aplicam ao futuro. O desumano através da história (e certamente toda a história foi desumana!) não deve nos deprimir, nem nos apresentar um mistério, tal como a presença eterna do mal, do pecado ou do diabo. A desumanidade é um fato e o humano também o é. A história mostra-os indiscernivelmente misturados, até a reivindicação fundamental da consciência moderna. Essa constatação vem a ser explicada pela dialética, que a eleva à posição de verdade racional. *O homem só poderia ter se desenvolvido através de contradições; portanto, o humano só poderia ter se formado em oposição ao desumano*, inicialmente misturado com ele, para enfim ser discernido através de um conflito e dominá-lo pela resolução desse conflito.

Foi assim que o conhecimento, a razão e a ciência humanas se tornaram e permanecem ainda como instrumentos da potência desumana. Foi assim que a liberdade não pôde ser pressentida e atingida, salvo através da servidão. Foi assim ainda que o enriquecimento da sociedade humana não se pôde realizar senão por meio do empobrecimento e da miséria das grandes massas humanas. De forma semelhante, o Estado, meio de liberação e de organização, foi também, e ainda continua sendo, um meio de opressão. Em todos os domínios, o desumano e o humano se revelam com a mesma necessidade, como dois aspectos da necessidade histórica, dois lados do crescimento do mesmo ser. Mas acontece que esses dois aspectos, esses dois lados, não são iguais e simétricos, como o Bem e o Mal em certas teologias (como o maniqueísmo). O humano é o elemento *positivo*. A história é a história da humanidade, de seu crescimento e de seu desenvolvimento. O desumano não é mais do que seu elemento *negativo*: é a alienação (aliás, inevitável) do humano. É por isso que o homem finalmente humano pode e deve dominá-lo, por meio do controle de sua alienação.

Marx nos dá então um sentido preciso à antiquada e confusa teoria da alienação, ao desembaraçá-la das interpretações místicas e metafísicas, ao separá-la de toda hipótese fantasiosa sobre a "queda do homem", o "pecado", a "decadência", o "Mal" etc.

Ele demonstra que a alienação do homem não se define religiosa, metafísica ou moralmente. Ao contrário, os metafísicos, as religiões e as morais contribuem para alienar o homem, para arrancá-lo de si mesmo, para afastá-lo de sua natureza real e de seus verdadeiros problemas. A alienação do homem não é teórica e ideal, ou seja, algo que se represente exclusivamente no plano das ideias e dos sentimentos; ela também é, acima de tudo, prática e se encontra em todos os domínios da vida prática. O trabalho é alienado, escravizado, explorado, tornado exaustivo e esmagador. A vida social, a comunidade humana, tornou-se dissociada pelas classes sociais, arrancada de si mesma, deformada, transformada em vida política, enganada e empregada como um meio de dominação do Estado. O poder do homem sobre a natureza, do mesmo modo que os bens produzidos por essa potência, estão açambarcados, e a apropriação da natureza pelo homem social se transformou em propriedade privada dos meios de produção. O dinheiro, esse símbolo abstrato dos bens materiais criados pela mão do homem (isto é, pelo tempo de trabalho social, meio necessário para produzir este ou aquele bem de consumo), comanda e domina aqueles que trabalham e produzem. O capital, essa forma de riqueza social, essa abstração (que, em certo sentido, e em si mesma, é somente um jogo de escritas comerciais e bancárias), impõe suas exigências à sociedade inteira, implicando uma organização contraditória da sociedade, ou seja, a escravização e o empobrecimento relativos da maior parte dela.

Assim, os produtos do trabalho do homem escapam à sua vontade, à sua consciência, ao seu controle. Eles assumem formas *abstratas* (o dinheiro, o capital) que, em lugar de serem reconhecidas como tais e servirem como tais (isto é, como intermediários abstratos entre os atores individuais), tornam-se, ao contrário, entidades soberanas e opressivas. E tudo isso para o benefício de uma minoria, de uma classe privilegiada, que utiliza esse estado de coisas e o mantém. O abstrato torna-se assim, abusivamente, um concreto ilusório e, todavia, demasiado real, que oprime o concreto verdadeiro: o humano.

A alienação do homem se descobre assim em sua extensão terrível e em sua real profundeza. Longe de ser somente teórica (metafísica, religiosa e moral, em resumo, *ideológica*), ela é também, e acima de tudo, prática, econômica, social e política. No plano da realidade, ela se manifesta pelo fato de que os seres humanos são entregues a forças hostis, ainda que estas não sejam mais do que os produtos de suas próprias atividades lançados contra eles e carregando-os para destinos desumanos – crises, guerras e convulsões sociais de todo tipo.

Vamos resumir agora a história da humanidade, encarada aqui sob o ângulo filosófico.

Inicialmente, é incontestável que existe a história da humanidade, isto é, desenvolvimento, formação ativa, crescimento em direção a um desabrochar. A espécie humana segue a lei do *devir*, que já se manifesta nas espécies animais: ela apareceu e se desenvolveu. Talvez também se dirija a um fim, mas atualmente é impossível prever tal fim, determinar suas circunstâncias e, em consequência, levá-lo em consideração.

A antropologia, ciência das origens e do desenvolvimento primitivo do homem, pode pesquisar como e por que essa espécie recebeu o privilégio magnífico e terrível de agir sobre a natureza, em lugar de seguir-lhe as leis passivamente. Ela pesquisa como e por que o devir humano (o devir da espécie humana) é uma transformação social, um devir sobre o plano da atividade e da consciência – isto é, uma história propriamente dita –, em lugar de permanecer uma transformação puramente biológica e fisiológica, no plano da natureza e da evolução natural. Essa ciência deve prosseguir em suas pesquisas sobre o papel do cérebro e da mão, da linguagem, dos utensílios primitivos etc., sem considerar qualquer hipótese especulativa e metafísica.

Quaisquer que sejam os resultados dessa pesquisa, um fato já está estabelecido: o homem (a espécie humana), que luta contra a natureza e a subjuga no decorrer de seu próprio devir, não pode separar-se dela. A própria luta é um relacionamento e um liame, o mais íntimo de todos. Mediante sua atividade, por meio de seu trabalho criativo, a espécie humana multiplicou seus relacionamentos com a natureza, em lugar de rompê-los para se lançar em um desenvolvimento puramente espiritual. Os laços do homem com a natureza são laços dialéticos: uma unidade cada vez mais profunda dentro de uma luta cada vez mais intensa, em um conflito sempre renovado em que toda vitória do homem, toda invenção técnica, toda descoberta na área dos conhecimentos, toda extensão do setor dominado pelo homem resultam em lucro!

O homem, portanto, só se desenvolve em relação a esse "outro" de si mesmo, que ele traz dentro de si mesmo: a natureza. Suas atividades somente se exercem e progridem ao fazer surgir no centro da natureza um mundo humano. É o mundo dos objetos, dos produtos das mãos e do pensamento humano. Tais produtos não são o ser humano, mas somente seus "bens" e seus "meios". Existem somente por ele e para ele: não são nada sem ele, porque são exclusivamente a obra da atividade humana. Reciprocamente, o ser humano não é nada sem os objetos que o rodeiam e o servem. No transcurso de seu desenvolvimento, ele se exprime e cria a si mesmo, através desse "outro" de si mesmo, formado pelas coisas inumeráveis que o próprio homem confeccionou. Ao tomar consciência de si mesmo, tanto como pensamento humano quanto como individualidade, o homem não pode se separar de seus objetos, bens e produtos. Se ele se distingue deles ou mesmo opõe-se a eles, isso só pode ocorrer dentro de um relacionamento dialético; portanto, no interior de uma unidade.

Todavia, no transcurso desse desenvolvimento, eis que inevitavelmente alguns produtos do homem tomam uma existência independente. Até mesmo o mais essencial e o mais profundo de si mesmo: seu pensamento e suas ideias lhe parecem vir de fora e de outro que não ele próprio. As formas de sua atividade e de sua pujança criadora se apoderam dele e fazem com que passe a acreditar em sua existência independente. Das abstrações ideológicas e do dinheiro ao Estado político, esses fetiches parecem vivos e reais e, em certo sentido, o são de fato, porque reinam sobre o humano!

O ser humano, que se desenvolve, não pode, portanto, se separar deste "outro" de si mesmo, que são os seus fetiches. Aliás, os bens sem os quais ele não existiria sequer por uma hora e que, no entanto, não são "ele mesmo", se encontram indissoluvelmente ligados ao exercício de suas funções e de seus poderes. A liberdade não pode consistir na privação dos bens, mas, ao contrário, depende de sua multiplicação. O relacionamento do ser humano com os bens não é, portanto, essencialmente um relacionamento de servidão – a não ser que se encontre em uma sociedade em que os bens sejam subtraídos às massas humanas e monopolizados por uma classe sob o acobertamento de uma organização e de um fetichismo adequados.

Em consequência, o relacionamento do ser humano com seus fetiches difere de seu relacionamento com seus bens. A relação dialética do homem com os bens se resolve normalmente e a todo momento, mediante uma tomada de consciência do homem de que tem uma vida própria e de que pode usufruir apropriadamente dessa vida, tomada como um poder sobre a natureza exterior e sua própria natureza interior. Mas o relacionamento do homem com os fetiches se manifesta como um desarraigamento de si e uma perda de si mesmo: é esse relacionamento que o marxismo denomina de alienação. Aqui, o conflito só pode se resolver mediante a destruição dos fetiches por meio da supressão progressiva do fetichismo e da recuperação humana dos poderes que os fetiches utilizavam contra o homem: pela ultrapassagem da alienação.

A história humana surge agora em sua complexidade. É um processo natural, no qual o homem não se separa da natureza e dentro do qual cresce como um ente dessa natureza. Mas é o processo de um ser que luta contra a natureza e conquista – por meio desse conflito e através de uma luta incessante, batalhando com contradições, obstáculos, crises e saltos sucessivos – graus cada vez mais elevados de pujança e de consciência.

O homem só se torna humano criando um mundo humano. É dentro de sua obra e por meio dela que ele se torna ele mesmo, mas sem confundir-se com ela, embora não se separe dela.

A produção ativa da própria consciência pelo homem intervém no processo natural de seu crescimento, sem entretanto lhe retirar o caráter de um processo natural – até o momento em que, por meio de um salto decisivo, o ser humano se torna capaz de uma organização consciente e racional de suas atividades.

No transcurso desse desenvolvimento já em si complexo, surge um outro fator de complexidade: o mundo desumano (falsamente humano) dos fetiches. Em consequência, a história humana mostra a interpenetração e a interação incessantes de três aspectos ou elementos: o elemento *espontâneo* (biológico, fisiológico, natural), o elemento *refletido* (o nascimento da consciência, mal concebida inicialmente, todavia, desde o começo, real e eficaz) e o elemento *aparente* ou *ilusório* (o desumano da alienação e dos fetiches).

Somente a análise (dialética) pode discernir esses elementos, perpetuamente em conflito dentro dos movimentos reais da história.

Àqueles que acham fictícia esta análise do devir humano, é possível responder por meio de múltiplos exemplos tirados precisamente desse devir.

Vamos tomar aqui como ilustração um fato como a *linguagem*. Ela é ao mesmo tempo prática (ela serve) e teórica (ela exprime e permite pensar). A linguagem, isto é, uma língua determinada, nasce, cresce, desenvolve-se e morre mediante um processo espontâneo e natural. Certamente a consciência e o pensamento se misturam nesse processo, mas aparecem dentro dele naturalmente, sem que lhe suprimam seu caráter natural. Desde que, é claro, encontre condições favoráveis, uma língua atinge um certo grau de desenvolvimento e então chega a um ponto crítico; ela se torna o objeto de uma elaboração consciente por escritores, gramáticos, juristas e advogados etc. Ela se encontra, então, diante de problemas difíceis. Se essa língua (na verdade, os homens que dela se servem) resolver esses problemas, ela conserva ou mesmo aprofunda suas características espontâneas e naturais, ao mesmo tempo em que se torna a expressão consciente e racional delas. Ela guarda, enquanto avança no sentido da razão e da consciência clara, sua vitalidade e seu frescor; ela atinge, assim, um grau superior, por meio de um salto e de uma prova decisivos. Caso contrário, ela declina, seja pela degenerescência natural, seja pelo academismo e pela abstração. Dentro desse devir complexo, mesclam-se estreitamente as ilusões ideológicas, entre elas a dos poetas, que acreditam que a inspiração e as musas suscitam sua "*verve*"; ou a dos teólogos, que afirmam, como o fez

De Bonald, que foi seu Deus quem criou suas palavras; ou, finalmente, a dos metafísicos, segundo os quais as palavras correspondem a "ideias" puras e absolutas etc.

O mesmo processo complexo de aspecto triplo – em que o elemento consciente sempre vem, no momento decisivo, dominar o elemento espontâneo e criticar o elemento ilusório – poderia mostrar-se em todas estas realidades práticas, históricas e sociais: a nação, a democracia, a ciência, a individualidade etc.

Dito isso, o que é o *comunismo*, sempre considerado sob o ponto de vista filosófico? Ele não se define como um ideal, como um paraíso terrestre localizado em um futuro incerto. Ele não se define tampouco como um estado de coisas, arranjado e previsto por um pensamento racional, mas abstrato. Essas antecipações, essas utopias, essas construções imaginárias são excluídas por um método racional, aquele preconizado pelo marxismo, isto é: a sociologia científica.

O comunismo científico se determina pelo inteiro movimento da história – pelo devir do homem considerado em sua totalidade. É necessário constatar, objetiva e cientificamente, que este último se orienta em direção a uma fase hoje em dia previsível (se bem que não deva, provavelmente, ser a última) e que usa, aqui e agora, em função de uma definição justificável e justificada, o nome de comunismo.

Em primeiro lugar, a espécie humana (onde encontra ou pode criar condições favoráveis), como toda espécie viva, mas com suas características próprias e por meio de um processo espontâneo e natural, tende a um certo florescimento. Ele chega, apesar das dificuldades e dos obstáculos e malgrado os elementos de regressão, de declínio, de destruição interna que aparecem no decorrer do desenvolvimento, isto é, apesar de, ou talvez por meio das contradições e das formas de alienação.

A consciência e o pensamento se mesclam nesse processo; não o condicionam, porque é claro que eles são, bem ao contrário, condicionados por ele: aparecem e crescem naturalmente no decorrer de um processo natural. O conhecimento e a razão nascem inicialmente incertos, frágeis, sem energia; depois, vão se afirmando, confirmando, estendendo o setor que dominam, acabando por formular-se. Finalmente, chega um momento decisivo, um ponto crítico, cheio de problemas complexos: trata-se do momento em que a razão deve e pode dominar a totalidade das atividades humanas a fim de organizá-las de forma racional.

Esse momento é aquele em que as múltiplas ilusões ideológicas devem ser criticadas, denunciadas e ultrapassadas. E, juntamente com elas, todos os fetichismos, todas as formas das atividades humanas que se acham alienadas e voltadas contra o próprio homem.

O comunismo se define, portanto:

1) Como o momento histórico em que o homem, tendo retomado conscientemente o seu relacionamento com a natureza (material), se expande em sua vitalidade natural, porém dentro das condições de um poderio ilimitado sobre a natureza, com todas as contribuições de uma longa luta e todo o enriquecimento de uma longa história.

2) Como o momento em que a razão emerge decisivamente, organiza o conjunto das atividades humanas e ultrapassa (sem o suprimir, muito pelo contrário, conservando o essencial de suas ricas conquistas) o longo processo natural, contraditório, acidentado e doloroso que realizou a formação do homem.

3) Como o momento em que a alienação múltipla (ideológica, econômico-social, política) do humano se de-

monstra pouco a pouco ultrapassada, reabsorvida e abolida (sem que, por meio disso, sejam suprimidas as riquezas materiais e espirituais conquistadas ao longo dessas contradições).

Essa definição filosófica do comunismo não pode se separar das outras determinações que encontraremos a seguir.

A ultrapassagem da alienação implica a ultrapassagem progressiva e a supressão do mercado, do capital e do próprio dinheiro, em sua condição de fetiches que praticamente reinam sobre o humano.

Implica deixar para trás a propriedade particular, isto é, não a supressão da apropriação pessoal dos bens, mas a propriedade privada dos meios de produção dos bens (meios que devem pertencer à sociedade como um todo e servir ao humano). A propriedade privada dos meios de produção entra, efetivamente, em conflito com a apropriação da natureza pelo homem social. O conflito se resolve por meio de uma organização racional da produção, que retire dos indivíduos ou da classe monstruosamente privilegiada a posse dos meios de produção. (Os textos de Marx sobre a alienação e suas diferentes formas estão dispersos ao longo de sua obra, a tal ponto que sua unidade permaneceu despercebida até uma data bastante recente.)

Capítulo II
A MORAL MARXISTA

O marxismo (materialismo dialético) contribui inicialmente com uma crítica das morais passadas e, a seguir, com indicações práticas e teóricas para a fundamentação de uma nova moral.

1) As morais passadas que os seres humanos reconstituem exprimem, em um certo sentido, *condições de existência* dadas e inevitáveis. Uma vez que as condições da realização humana não se haviam efetuado ou eram irrealizáveis, considerando que o poder humano sobre a natureza permanecia limitado, era naturalmente forçoso que os seres humanos restringissem seus desejos. Enquanto permaneciam fracos perante a natureza, transformavam a necessidade em uma virtude e atribuíam um valor moral à inevitável impotência perante a morte, o sofrimento e os problemas insolúveis da vida. Não obstante e continuamente, os desejos individuais ultrapassavam os limites permitidos pelas condições da existência: sempre que possível, do comedimento o indivíduo passava para a desmedida. Era necessário, portanto, dar a esse fato – a medida, o limite infligido aos indivíduos pelas condições da existência e pelo seu nível de desenvolvimento – o valor de uma regra e o sentido de uma disciplina social. Os indivíduos que infringiam as regras eram ora os menos dotados, os mais violentos e os mais brutais, ora os mais bem-dotados. Criminosos e gênios recaíram sempre, portanto, sob a mesma reprovação moral, que expressava o meio social: estavam fora do nível de desenvolvimento "médio" atingido (material e espiritualmente) pela sociedade considerada como um todo.

Entretanto, costumes e morais somente exprimiam as condições da existência sob uma forma indireta, confusa, alienada; ou, se preferirmos, expressavam as condições da existência humana alienada. Em consequência, jamais as regras, as disciplinas, as sanções e as repressões inevitáveis apareceram em sua verdade prática e em seu sentido real. Elas eram sempre interligadas (isto é, eram anexadas pelos indivíduos que as promulgavam) a decretos misteriosos e a potências obscuras. Os costumes e as morais do passado, com algumas poucas exceções (a moral epicurista, por exemplo), foram portanto teológicos e metafísicos. A regra prática era sempre apresentada como consequência de um imperativo transcendente. A ação conforme à disciplina ganhava o prestígio misterioso do mérito, da graça e da virtude. Quanto às ações que a ela não se conformavam, foram igualmente avaliadas segundo uma escala de valores de origem obscura e receberam, desse modo, os nomes bizarros de pecado, falha, imundície – entidades difíceis de definir com clareza, ao mesmo tempo materiais (brutalmente materiais) e místicas.

Agora acabamos de desmontar o mecanismo da alienação moral. Em primeiro lugar, uma vez que as morais antigas condenavam o excepcional e o novo, os costumes e as morais tendiam sempre a provocar a fixação e a imobilidade da sociedade. Toda iniciativa, fosse provocada pelo criminoso, fosse originada por parte do gênio, tanto a do destruidor como a do criador, era automaticamente rejeitada, e a moral e os costumes reinantes sancionavam necessariamente o *status quo* – quer se tratasse das virtudes dos antigos cidadãos, dos guerreiros feudais ou do capitalismo iniciante. Diante da moral, as iniciativas criminosas ou criadoras se confundiam necessariamente, e essa confusão perdura até hoje. A reprovação moral começou sempre por ferir ao indivíduo audacioso, buscando atingir muitas vezes o coração de seu pensamento, lançando sobre ele os escrúpulos, as dúvidas e a consciência pesada. Tanto a história das ações humanas como a de seus pensamentos são nossas testemunhas.

Em segundo lugar, essas morais afetaram as ações e os pensamentos com um coeficiente ilusório, com uma ressonância mistificadora. Por exemplo, a simples paciência em relação aos limites da atividade individual ou ao sofrimento assumem a aparência de uma virtude: a resignação estoica ou cristã. Uma situação muito simples e uma passividade inevitável adquiriram então, para os moralistas e para os moralizados, uma importância, um valor enorme. Daí até buscar o sofrimento voluntariamente ou a limitar-se, a fim de usufruir dessa impressão de importância moral, não há senão um passo, rápida e frequentemente franqueado. É então que os homens se precipitam para as cadeias, crendo nelas encontrar sua liberdade. No momento em que se lançam contra seus limites e experimentam dolorosamente o caráter finito e limitado de seu ser, acreditam ter encontrado o infinito moral A expressão "*grandeza moral*" é enganosa, porque a moral não faz mais do que codificar e legalizar – e isso no interior do indivíduo, sob a forma de consciência moral; e no exterior sob a forma de punição e de prédica – a prática social *mediana* em um momento dado.

No decorrer da história, não foi possível obter qualquer progresso, salvo submetendo-se à desaprovação da moral reinante ou mesmo lutando contra ela. Tão logo as condições de existência mudavam, as morais reinantes tentavam refrear-se ou dissimular as modificações que haviam transcorrido. Isso perdurava até o dia em que algum inventor de moral tentava adaptar os valores aceitos às novas condições e, em busca desse alvo, se deixava perseguir, mesmo que estivesse colocando tais valores morais ao serviço dos que o perseguiam! (Sócrates etc.)

Em terceiro lugar e acima de tudo, as morais ligadas a um decreto ou a um imperativo superior passavam a ser utilizáveis por aqueles que pretendiam ter o direito de promulgar tal decreto, em vista de representar o poder misterioso. Em outros termos, as morais foram sempre ou sempre se transformaram em instrumentos de dominação de uma casta ou de uma classe social. Marx demonstrou de cem maneiras que nunca existiu uma moral que servisse ao mesmo tempo aos senhores e aos escravos, mas antes morais estabelecidas pelos senhores para benefício com relação aos escravos. As condições de existência sancionadas pelas morais permitiam e justificavam sempre essa dominação, que as formulações morais vinham a seguir a coroar, sancionar e aperfeiçoar (do mesmo modo que nas fórmulas jurídicas e eclesiásticas). Assim que os dominadores conseguiam introduzir nos costumes e nas morais dos dominados seus próprios valores (por exemplo, o respeito e o culto ao trabalho na época moderna), esses valores logo se metamorfoseavam em instrumentos de exploração. Por sua própria conta, os senhores sempre se saíam bem na questão: eles sabiam interpretar as obrigações morais como melhor lhes conviesse ou liberar-se delas sem a menor hesitação, sempre que os atrapalhassem. É por tal motivo que todas as morais do passado acabaram por tornar-se farisaísmo ou imoralidade pura e simples. Foi a moral que criou a imoralidade desde o princípio, reduzindo ao domínio do imoral todo ato excepcional e obrigando-o a esconder-se nas sombras, na zona maldita do anormal – e logo, porque as classes dominantes transmitiram sempre muito bem os valores que elas concebiam para o uso dos oprimidos.

O direito, tal como a moral, sempre sancionou as relações e condições existentes, de tal modo a imobilizá-las e a incliná-las no sentido da dominação pelas classes economicamente privilegiadas e politicamente reinantes.

A alienação moral não se separou historicamente, socialmente ou na prática, portanto, das demais formas de alienação: da ideologia em geral, do direito, da religião etc.

2) Contudo, seria absolutamente falso não atribuir ao marxismo mais do que uma posição negativa e crítica diante do problema moral. Seria até mesmo calunioso atribuir aos marxistas uma espécie de cinismo imoralista, uma vez que a crítica dialética se liga ao mesmo tempo à moral e aos imoralismos passados, mostrando como uns se engendraram nos outros. O cinismo imoralista se encontra entre os representantes (literários, ideológicos ou políticos) da burguesia decadente, ou ainda entre certos indivíduos desclassificados, que rejeitam toda a norma moral ao mesmo tempo que recusam a moralidade estabelecida.

O marxismo afirma que é necessário criar hoje em dia *uma nova ética*, libertada de toda a alienação moral e de toda a ilusão ideológica – recusando-se a apresentar valores por fora da realidade e buscando, em consequência, a fundamentação das avaliações morais dentro do próprio seio do real.

Inicialmente, na sociedade moderna dividida em classes, uma dessas classes goza de um papel privilegiado no sentido profundo da palavra. Essa classe é o *proletariado*. Somente ele, através de suas ações, pode dar fim à alienação humana, porque é ele que vive e sofre completamente seus efeitos. Somente ele pode liberar a sociedade e os seres humanos em geral, ao libertar-se a si mesmo, porque é ele que sofre todo o peso da opressão e da exploração. Em sua condição de classe oprimida, o proletariado aceitou por longo tempo os valores morais que lhe eram impostos e os recebia em seu rebaixamento: resignação, humildade, aceitação passiva etc. Enquanto fazia parte da classe escravizada, o indivíduo proletário encontrava na moral uma compensação fictícia e uma recompensa ilusória: era um pobre "merecedor", um "bravo e honesto trabalhador", desde que ele se dispusesse a aceitar sem protesto os limites estreitos de sua atividade. Finalmente, enquanto fazia parte da classe oprimida, o proletariado não chegava a criar seus valores próprios e menos ainda a admitir que os tivesse. O trabalho, e sobretudo o trabalho braçal, permanecia desprezado. De forma semelhante, em um plano analógico, se bem que um pouco diferente, as mulheres permaneciam em condição servil ou eram exploradas, a maternidade nunca era plenamente reconhecida como uma função e um valor social, e muito menos o trabalho doméstico era reconhecido como um trabalho social.

O proletariado *ascendente* se comporta, todavia, de forma muito diferente. Marx e os marxistas constatam esse fato e mostram suas razões, isto é, sua racionalidade profunda. A classe ascendente se libera dos valores ilusórios e cria seus valores próprios, seu próprio heroísmo e suas próprias virtudes. Enquanto permanece como trabalhador explorado e oprimido, o indivíduo proletário só tem necessidade de paciência e de resignação. Mas, ao tornar-se um indivíduo consciente de sua classe, ou seja, do papel histórico dessa classe, esse indivíduo tem necessidade de coragem, de um senso de responsabilidade, de entusiasmo: ele deve adquirir conhecimentos múltiplos e considerar a lucidez da ação e a inteligência das situações como valores.

Oprimido e aquiescente, o indivíduo proletário considera a obediência uma virtude. Mas, assim que age na luta econômica e política, a disciplina, a iniciativa e o sentido de suas responsabilidades se tornam para ele necessariamente valores. Ele deve adquiri-los; é para ele uma questão de vida ou morte. Ele ascende, assim, a uma esfera superior de atividade. Sua contribuição consiste principalmente na formação de uma nova ética, que resolve – diga-se de passagem – problemas aparentemente insolúveis. Por exemplo: a necessidade de unir a disciplina coletiva com a iniciativa individual resolve de maneira prática, dentro do domínio limitado, mas profundamente real da ação, o velho conflito entre o individual e o social.

Em um artigo sobre tais temas, Marx disse que as virtudes novas são ainda mais necessárias ao proletário do que o pão cotidiano.

3) Abordaremos agora o problema geral. É possível alicerçar sobre o real valores humanos, em vez de deixá-los atrás do real, limitados ao ideal abstrato?

Marx e o marxismo respondem que sim. Foi somente o idealismo tradicional, essa forma ideológica (metafísica) da alienação humana, que colocou o ideal fora do real, no vácuo, no abstrato e no irreal.

O real não é imóvel, dado de uma só vez, pronto e acabado. Trata-se de um devir; portanto, de uma possibilidade. O possível, que se eleva hoje no horizonte e que implica o nosso futuro atual, é o florescimento do homem.

Se a resignação deixou de ter sentido, e se a passividade não pode mais passar por uma virtude, é porque outra coisa se tornou possível. A potência do homem sobre a natureza tornou-se forte o bastante para que aqui e agora toda resignação se relegue por si mesma ao âmbito do irracional e do absurdo.

O marxismo não nos traz um humanismo sentimental e chorão. Marx não se inclinou para o proletariado oprimido para lamentar sua opressão. Ele demonstrou como e por que o proletariado pode libertar-se da opressão e abrir o caminho para todas as possibilidades humanas. O marxismo não se interessa pelo proletariado porque este é fraco[9], mas porque ele é uma força – não

---

9. É o caso das pessoas caridosas, de certos utopistas e dos "paternalistas", sinceros ou não... (N.A.)

porque é ignorante, mas porque deve assimilar e enriquecer o conhecimento – não porque é rejeitado pela burguesia para o desumano, mas porque traz dentro de si o futuro do homem e rejeita como desumanas as vaidades burguesas. Em uma palavra, o marxismo vê no proletariado o seu devir e o seu possível.

O ideal sem idealismo se encontra na ideia do homem: na ideia de seu desenvolvimento total e de sua total realização. O homem total, essa ideia que mergulha no mais profundo do devir real, funda a ética nova de duas formas:

a) Pelo estudo científico – fisiológico, psicológico, pedagógico etc. – do ser humano, que permitirá determinar as condições objetivas de seu desenvolvimento. As leis desse devir humano se transformam, sem contestação possível e sem dificuldades teóricas, em regras de ação ou *normas*. O *fato humano*, assim determinado e tomado em seu movimento, não pode se opor ao *direito*. A *regra técnica*, fundamentada sobre a observação e a experiência, não pode se opor ao *valor*. Por exemplo, uma técnica pedagógica que permita orientar o desenvolvimento da criança assume por si mesma um valor eminente.

b) Como avançar em direção ao homem total? Por meio da *ultrapassagem* das condições de existência atuais (ultrapassagem tornada possível pelas contradições internas e pelos problemas que são criados por essas condições). No sentido dialético, bastante complexo, da palavra "ultrapassagem" – que significa ao mesmo tempo abolir essas condições e erguer a um nível superior aquilo que elas limitam –, é conveniente consultar os tratados especiais de lógica e de remontar às fontes do pensamento dialético: Hegel e Marx.

A ultrapassagem assim concebida implica um imperativo social e também um imperativo – ou seja, uma ética – em escala individual. Que o indivíduo, que cada indivíduo ultrapasse a si mesmo! Essa superação dialética não tem em si nada de uma liberdade arbitrária. O indivíduo que acreditasse poder superar os seus limites por força exclusiva de sua fantasia se encerraria, bem ao contrário, mais estreitamente em seus limites (como acontece tantas vezes durante o devaneio, na especulação abstrata ou por meio da invenção fantasmagórica). Ultrapassar-se é seguir em direção ao devir para alcançar o homem total. Significa, portanto, *participar* cada vez mais amplamente desse devir e dessas possibilidades em todos os seus domínios. A superação implica portanto, um imperativo de conhecimento, ação e realização crescentes. Concebido dessa maneira, o imperativo não intervém na vida e no real. Ele sai deles; torna-se a expressão ética do devir. Torna-se, desse modo, um ideal sem ilusões ideológicas ou idealistas.[10]

O indivíduo humano, como a espécie humana, se desenvolve em duplo sentido. A individualidade se desenvolve ao curso de sua vida dentro do próprio indivíduo; mas a individualização do homem se desenvolve ao longo da história, sendo ao mesmo tempo um fato social e histórico. Cada época apresentou seu tipo dominante de individualidade.

No desenvolvimento social do indivíduo, se encontram os emaranhados e conflitos de três aspectos ou elementos: um elemento *natural*, vital e espontâneo (hereditariedade, raça, "temperamento" fisiológico e psicológico, dons naturais etc.), um elemento de *reflexão* (cultura, educação, formação, experiência individual e social) e, finalmente, um elemento *ilusório* (erros

---

10. Principalmente de acordo com o *Manuscrito econômico-filosófico*, redigido por Marx em 1844. *Obras filosóficas*, edição Costes, Tomo VI. (N.A.)

no conceito de si mesmo, compensações morais e metafísico-religiosas, consolos, transposições ideológicas, imaginação, devaneio, abstração etc.). Em cada época, o elemento ilusório, particularmente de caráter moral, veio completar em aparência a realidade e dar aos indivíduos a impressão de uma realização total que não era mais do que uma velhacaria.

O que existiu até agora? Esboços da individualidade plenamente humana, esboços mais ou menos bem-sucedidos de acordo com as épocas, as oportunidades e os dons espontâneos.

Em particular, no individualismo de origem burguesa, a ilusão ideológica, moral, metafísica e religiosa tomou proporções assustadoras. Ainda que nunca tenha passado da situação de um esboço incerto, o indivíduo se acreditava realizado. A sociedade individualista (burguesa) exalta o indivíduo e a sua liberdade. Todavia, continuamente, durante um século, a literatura, o romance e a poesia admitem o fracasso da individualidade e lamentam por isso. A burguesia exalta a individualidade somente em aparência para melhor esmagá-la. Eis uma de suas mais profundas contradições.

O individualismo corresponde inicialmente a um fato histórico – a livre concorrência, da época em que se formava a sociedade capitalista – e, a seguir, a uma ideologia mistificadora. A burguesia utiliza seu individualismo natural para dispersar, em uma polvadeira de indivíduos e de consciências separadas, as outras classes, especialmente a classe que mais a ameaça: o proletariado.

A verdadeira individualidade estenderá ao homem total uma vitalidade natural desabrochada e uma lucidez completa, capaz de ação prática e de pensamento teórico, tendo superado todas as atividades mutiladas e incompletas (os trabalhos parcelados e divididos).

Esse será, nos diz Marx, o indivíduo livre dentro de uma sociedade livre. Sob tal ângulo, o comunismo, que se define desde o início como a ultrapassagem da alienação humana em geral, define-se também pela superação da alienação e dos conflitos internos em nível individual. Sob esse ponto de vista, já aparecem as primeiras figuras do homem novo, que supera o conflito da teoria e da prática, da vida espontânea e da vida refletida, e consegue reuni-los dentro de si mesmo, na mais elevada das sínteses.

Assim, o marxismo renova a ideia do homem e do humanismo ao lhes dar um sentido plenamente concreto. Ele perturbou e *revolucionou* a velha filosofia.

Ele eliminou o pensamento abstrato, contemplativo, especulativo; dito de outro modo, o pensamento metafísico.

Mas ele realizou – ao mesmo tempo em que transformava profundamente – as ambições dessa velha filosofia e suas pesquisas sobre a Lógica, o Método, a Teoria do Conhecimento, a Razão e o Homem.

Capítulo III
A sociologia marxista ou o materialismo histórico

Em sua condição de sociologia científica, o marxismo traz um nome que já se tornou clássico: é o *materialismo histórico*.

Sociologicamente falando, somente existem os indivíduos humanos e seus relacionamentos. A *Sociedade*, como uma entidade de caráter geral, não possui qualquer espécie de existência fora dos indivíduos que a compõem. Não existe um ser coletivo, alma dos povos ou alma dos grupos. Essas são qualidades ocultas, imaginadas por sociólogos que se consideravam científicos e não eram mais do que metafísicos. Sob o nome de "Sociedade" em geral, eles erguiam à situação de verdade absoluta certos caracteres ou todos os caracteres da sociedade existente. Desse modo, eles eram de fato, mesmo que algumas vezes tivessem as melhores intenções do mundo, os apologistas dessa sociedade, seus ideólogos. Eles não compreendiam nem o processo do devir da sociedade concreta nem sua estrutura real, esta mesma em constante movimento.

São os indivíduos humanos que fazem sua vida (social), sua história e a história em geral. Mas eles não fazem a história dentro das condições que eles mesmos escolheram, determinadas por decretos de suas vontades. É certo que, depois do início da humanidade, o homem (social e individual) se tornou ativo, mas não goza absolutamente de uma atividade plena, livre, consciente. Na atividade real de todo ser humano, há uma parte de passividade, mais ou menos grande, que diminui com o progresso da força e da consciência humanas, mas que nunca desaparecerá por completo. Em outros termos, é preciso analisar dialeticamente toda atividade humana. A atividade e a passividade se misturam em cada ato.

Em sua ação, ao modificar a natureza do mundo que o cerca, o indivíduo sofre a influência de condições que não criou em absoluto: a própria natureza que encontrou ao seu redor, sua própria natureza individual, os outros seres humanos que o cercam, as modalidades já constituídas da atividade humana (tradições, utensílios, divisão e organização do trabalho etc.). Por meio de sua própria atividade, os indivíduos humanos entram assim em relacionamentos determinados, que são os *relacionamentos sociais*. Os seres humanos não se podem separar desses relacionamentos: sua própria existência depende deles, assim como a natureza de suas atividades, de seus limites e de suas possibilidades. Isso quer dizer que não é sua consciência que cria esses relacionamentos, mas que ela é, ao contrário, encadeada a eles e, portanto, por eles determinada (ainda que ela intervenha de forma real e possa, algumas vezes, libertar-se de algum relacionamento, isso não lhe servirá senão para lançar-se no imaginário e no abstrato).

Assim, os relacionamentos que o ser humano necessariamente trava, porque não se pode isolar, constituem o *ser social* de cada indivíduo; é o ser social que determina a consciência, e não a consciência que determina o social. O camponês possui consciência e ideias de camponês, mas evidentemente não são sua consciência e suas ideias que criam todas as peças de seu relacionamento com a terra, a organização de seu trabalho, suas ferramentas, suas relações com os vizinhos, com a comunidade, com a região, com o país etc. Os exemplos poderiam se multiplicar. Mesmo que seja verdadeiro que, no transcurso de seu desenvolvimento, a consciência e o pensamento se liberam dos relacionamentos mais imediatos e locais (relações simples com o ambiente), jamais conseguem separar-se completamente deles. Se admitíssemos isso, seríamos forçados a aceitar a ilusão ideológica e idealista! A extensão e o aprofundamento da consciência, o aparecimento e a consolidação do pensamento racional usufruíram eles mesmos de condições dentro dos relacionamentos sociais (no desenvolvimento das comunicações e das trocas, na vida social que se organiza e se concentra nas grandes cidades comerciais e industriais etc.).

E agora, quais são essencialmente os relacionamentos sociais? Muito certamente eles são e se apresentam, sobretudo em nossa época, como extremamente complexos. Será possível desenovelá-los e descobrir dentro desse baraço os relacionamentos fundamentais? É possível discernir – para adotarmos uma metáfora – as etapas ou os sedimentos sucessivos que se acumulam sobre uma base inicial?

Sim, é o que afirmam Marx e os marxistas. Existem relacionamentos fundamentais: o edifício de toda a sociedade repousa sobre um *alicerce*. Certamente em uma casa o que se conta são os andares, as peças habitáveis; mas será essa uma razão para negligenciar a base e os alicerces, para esquecer que são essas fundações que determinam a forma, a altura e a estrutura do edifício, isto é, suas grandes linhas essenciais (mesmo que deixando indeterminados os múltiplos detalhes e ainda mais as ornamentações)? Pensar de outro modo é crer que se pode começar uma casa pelo teto e terminá-la pelos porões. Pensar que as ideias, no seio de uma sociedade, são fundamentais, é o mesmo que acreditar que, uma vez que precisamos de janelas e que são estas que iluminam as peças, tais janelas sejam a causa da residência.

Os relacionamentos fundamentais para toda a sociedade são seus relacionamentos com a natureza. Para o homem, sua relação com a natureza é fundamental, não porque ele permaneça sendo um ser da natureza (interpretação falaciosa do materialismo histórico) mas, ao contrário, porque ele luta contra ela. No decorrer dessa luta, mas em condições naturais, ele arranca da natureza aquilo de que necessita para manter sua própria vida e para superar uma vida simplesmente natural. Como e por que meios? Através do *trabalho*, pelos instrumentos do trabalho e pela organização do trabalho.

É assim e assim somente que os homens *produzem sua vida*, isto é, ultrapassam seu estado de vida animal (natural), sem poder, bem entendido, libertar-se da natureza mediante a promulgação de um decreto soberano. Eles superam a natureza somente dentro de certos limites e nas condições determinadas pela própria natureza (clima, fertilidade do solo, flora e fauna naturais etc.).

As relações fundamentais de toda sociedade humana são, portanto, *as relações de produção*. Para atingir a estrutura essencial de uma sociedade, a análise deve descartar as aparências ideológicas, os revestimentos coloridos, as fórmulas oficiais, tudo que se agita sobre a superfície da sociedade, toda a decoração: ela deve alcançar, sob essa superfície, os relacionamentos de produção, isto é, os relacionamentos fundamentais dos homens com a natureza e dos homens uns com os outros durante o trabalho.

O que encontra então esta análise? Inicialmente, condições naturais, mais ou menos modificadas pelos seres humanos. Esse é o domínio da ciência que costumamos chamar de geografia humana, uma ciência que possui um objeto real e somente se engana quando isola esse objeto e deixa de lado a história. A análise estuda então o solo, o clima, os rios e as águas, sua influência sobre o povoamento, o subsolo, a flora espontânea ou importada etc.

A seguir, a análise estuda as técnicas e os instrumentos. Esse é o domínio de uma ciência que se chama geralmente de "tecnologia", uma ciência que também possui um objeto real, mas que também se engana quando o isola.

Efetivamente, os utensílios e os instrumentos não podem ser separados de seu emprego. A descrição tecnológica da maquinaria não deve fazer esquecer que ela implica uma divisão do trabalho e que, aliás, essa organização do trabalho pode, até certo ponto, evoluir à parte e reagir sobre o emprego, rendimento e aperfeiçoamento dos utensílios.

Os relacionamentos de produção revelam assim à análise três fatores ou elementos: *as condições naturais, as técnicas* e a organização e *a divisão do trabalho social*. É evidente que a estrutura de uma sociedade, a atividade dos indivíduos que a constituem, sua distribuição e suas situações recíprocas não podem ser compreendidas a não ser que comecemos por meio dessa análise.

Esses três elementos constituem o que o marxismo denomina de *forças produtivas* de uma sociedade determinada.

Fica igualmente bastante claro que cada um desses elementos pode se aperfeiçoar e se desenvolver.

Os recursos naturais de uma região podem ser cada vez mais bem explorados: novos recursos são descobertos ou ainda objetos naturais que anteriormente não eram suscetíveis de emprego humano passam a sê-lo, de algum modo. Assim, todas as matérias-primas da indústria foram descobertas, trazidas à luz do dia e utilizadas no decorrer do desenvolvimento econômico.

Do mesmo modo, *os implementos* se aperfeiçoam. A consciência intervém continuamente sobre a tecnologia, sem poder, todavia, separar-se do processo em sua totalidade, porque a invenção nada mais faz do que resolver os problemas apresentados pela técnica existente em uma determinada época.

Assim que surge um novo utensílio, ele reage sobre as relações sociais. Exige uma nova partição das forças humanas para que estas o animem. A propósito, as exigências da técnica trazem consigo incessantemente consequências imprevistas, que escapam à consciência, à vontade e ao controle dos homens. Ocorre, de forma semelhante, toda modificação exercida sobre os produtos (por exemplo, quando os centros de produção e os mercados se deslocam, indivíduos e mesmo regiões inteiras são arruinados etc.). Tal fato não exerceu pouca influência sobre o horror natural da vida dos homens até o período moderno, contribuindo tanto para as modificações como para a manutenção do *status quo* através de artifícios ideológicos.

É necessário observar aqui que uma ferramenta só é adotada quando corresponde a uma necessidade. A tecnologia é levada desse modo a distinguir, na invenção ou na introdução de um instrumento, sua adoção, a área de sua abrangência, as necessidades a que responde e as rotinas (ideologias) que se opõem à sua adoção. O fator técnico, vamos repetir, não se encontra só e não pode ser isolado: Marx precedeu as tecnologias e lhes abriu o caminho, chegando ainda mais longe em sua análise.

Isso significa que a divisão do trabalho e os relacionamentos que ela implica devem ser considerados como um elemento distinto, ainda que inseparável. A divisão do trabalho tem suas consequências próprias, notadamente a partir do momento em que se estabeleceu a divisão entre o trabalho *material* e o trabalho *não material* (funções de direção, de comando e de administração: as funções intelectuais). Essas consequências se desenvolvem em grande parte fora das previsões, do controle e da vontade dos homens. O fato de que os indivíduos mais capazes dirijam a atividade dos outros indivíduos dentro de um grupo social dado já é um progresso. Porém, que as condições que permitem esse progresso também oportunizem a uma casta ou a uma classe monopolizar as funções de direção é um fato encontrado com demasiada frequência ao longo da história, um fato cujas consequências deveriam ter mais de uma vez surpreendido seus contemporâneos.

Resulta dessa análise que as *forças produtivas* se desenvolvem no decorrer da história, tendo cada um de seus elementos o seu processo particular no seio do conjunto do qual não pode absolutamente se isolar.

Resulta também que o desenvolvimento das forças produtivas (a saber, a potência exercida pelo humano sobre a natureza) guarda as características de um processo natural no decorrer da história. Com efeito, seu desenvolvimento escapa ao controle, à consciência e à vontade dos homens, mesmo que se trate de sua própria atividade e dos produtos de sua atividade. E não foi esse o sentido de toda a história dos povos, das instituições e das ideias?

Não que a consciência humana seja irrealista e ineficaz. Bem ao contrário. Como já vimos na parte filosófica desta exposição, a própria consciência nasce, cresce e se desenvolve naturalmente no decorrer desse processo natural. Entretanto, ela não se transforma em uma consciência plena, em um conhecimento racional, capaz de dominar e de dirigir o processo, senão a partir do marxismo e por meio de sua atuação.

O crescimento das forças produtivas e da potência do homem sobre a natureza atravessa patamares e níveis. Essa força é maior ou menor; as forças produtivas mais ou menos desenvolvidas não são estranhas ao nível de civilização alcançado por uma determinada sociedade. Longe disso. Se toda cultura apresenta uma originalidade qualitativa, nem por isso ela deixa de supor uma certa quantidade de riqueza para seu desenvolvimento. O relacionamento do homem com a natureza, a saber, a pujança que demonstra sobre ela, condiciona sua relativa independência no que concerne a ela e condiciona tanto sua liberdade como sua maneira de usufruir da natureza. Os relacionamentos superiores e complexos que se exprimem através da cultura implicam e pressupõem os relacionamentos relativamente simples que são os de produção; essas relações complexas que não se podem introduzir de fora para dentro na estrutura da sociedade e que todavia não podem tampouco separar-se dela para que sejam estudadas isoladamente.

O desenvolvimento das forças produtivas, seus graus, isto é, os níveis que alcançaram, têm portanto uma importância histórica fundamental: eles alicerçam o ser social do homem em um momento dado, do mesmo modo que as modalidades de sua consciência e de sua cultura.

Examinemos agora o fato em si mesmo cuja importância já foi demonstrada: *a divisão do trabalho*.

Ela introduz uma consequência imediata ou, mais exatamente, liga-se a um fenômeno social de grande importância. A divisão do trabalho, a partir do momento em que se institui no decurso do desenvolvimento histórico, implica o surgimento da *propriedade privada*. Marx demonstra que esses dois termos são correlativos. Com efeito, os instrumentos e os meios de produção, ao se diferenciarem, caem em poder de grupos ou de indivíduos, eles mesmos diferenciados entre si. O território e a terra, sendo meios de produção, seguem o mesmo destino. Além disso, a divisão do trabalho significa, nesse estágio, a desigualdade dos trabalhos. As funções de comando, por exemplo, se distinguem dos trabalhos materiais.

Essa diferenciação entre trabalhos "superiores" e "inferiores" não teria nenhum inconveniente grave no caso de se tratar de um desenvolvimento individual, se as funções superiores pertencessem aos indivíduos mais aptos para esses trabalhos (o que ainda acontece com bastante frequência nas sociedades ditas primitivas). Porém, como a diferenciação dos trabalhos acompanhou a formação da propriedade privada, vimos que, no decorrer do desenvolvimento histórico, esses dois fenômenos sociais reagiram um com o outro. As funções superiores permitem o monopólio dos meios de produção; elas se tornam hereditárias e se transmitem com a propriedade e sendo elas mesmas um tipo de propriedade. Os trabalhos inferiores (materiais) se encontram excluídos da propriedade, assim como das funções superiores. Quanto às funções superiores, elas deixam de pertencer aos indivíduos em decorrência de seus dons naturais ou cultivados, mas a grupos (e aos indivíduos que deles fazem parte), de acordo com seu lugar na organização da propriedade. Isso quer dizer que os indivíduos acedem às funções intelectuais, políticas e administrativas (que vão progressivamente se diferenciando) em razão da riqueza particular de que dispõem, e não mais em função de seu valor social. É então que aparecem as *classes*.

A estrutura social, não mais encarada em seu relacionamento com a natureza (forças produtivas), mas como a organização da propriedade, das funções sociais e das classes sociais, foi denominada por Marx *modo de produção*.

De acordo com o que acabamos de ver, as forças produtivas e o modo de produção não podem se separar. Historicamente, são as forças produtivas que determinaram o modo de produção: assim, as máquinas e ferramentas (a técnica) e a divisão do trabalho se encontram indissoluvelmente ligadas. Entretanto, tais aspectos ou elementos do processo total não se confundem entre si. Sua determinação recíproca não possui nada de mecânico; eles têm uma independência *relativa*, agindo e reagindo incessantemente uns sobre os outros. Da mesma forma que a divisão social do trabalho evolui até certo ponto independentemente da aparelhagem técnica, também o modo de produção muda (ou não) dentro de uma certa medida e em parte, independentemente das forças produtoras.

Marx, tomando como base o desenvolvimento progressivo das forças produtivas e analisando a estrutura da divisão do trabalho, da propriedade, das funções sociais e das classes, demonstrou a sucessão histórica de um certo número de *modos de produção* determinados:

1) Deixemos de lado o comunismo primitivo. O que vemos aparecer logo no decorrer da pré-história e do início da história é *o modo patriarcal* de produção, já caracterizado por uma forma determinada de propriedade (propriedade da família, mas em um sentido muito amplo) e por uma diferenciação de funções e de classes (dominância dos homens, autoridade do patriarca ou do pai de família etc.).

2) A seguir vem a economia fundada sobre a *escravatura* e condicionada por um progresso técnico limitado, que permite a utilização rentável dos escravos. Ela se orienta, portanto, para a formação de uma classe de senhores, para a transmissão hereditária de uma sociedade já complexa, de funções de comando militar e político, de funções intelectuais etc., e também para a transmissão da propriedade em si mesma.

3) A *economia feudal* comporta a exploração por uma classe militar (guerreira) de uma massa de produtores isolados e presos ao solo (servidão).

4) A *economia capitalista* merece um estudo particular por ser o objeto principal da economia política.

Mostramos aqui somente um esquema extremamente geral. Modos de produção mista ou aberrantes existiram em todos os momentos da história. Essa ordem de sucessão, representando um progresso econômico através de grandes revoltas, não se desenrolou senão teoricamente e dentro das melhores condições históricas, ou seja, apenas na Europa Ocidental. Os modos de produção sempre coexistiram e ainda coexistem, agindo e reagindo uns sobre os outros, sem limites inamovíveis, ainda que sejam distintos. Finalmente, ditos modos de produção, como o feudalismo, apresentaram nuances e variantes inumeráveis: o feudalismo asiático, por exemplo, difere do feudalismo europeu etc.

Cada modo de produção conheceu um crescimento, um apogeu, um declínio e uma crise terminal (sem contar suas crises internas, momentâneas ou mais profundas, no decurso desse desenvolvimento).

Na análise das forças produtivas, uma contradição, uma luta e um conflito passam ao primeiro plano: a luta do homem contra a natureza.

Na análise dos modos de produção, múltiplos conflitos e contradições aparecem; inicialmente, e acima de tudo, os conflitos entre as *classes sociais*. Aqui é a luta do homem contra o homem e a exploração do homem pelo homem que atraem a atenção e se revelam como o fenômeno essencial.

Assim, a história de cada modo de produção se desenvolveu dramaticamente e através de múltiplos conflitos. Em cada época, os indivíduos agiam, inventavam e viviam suas vidas individuais, realizando algumas de suas potencialidades, descansando antes de atingi-las ou ultrapassando o nível médio de seu tempo e de sua classe etc. – mas sempre dentro do esquema que lhes ofereciam os modos de produção, nas condições que lhes eram apresentadas pelas estruturas sociais. É da interação das iniciativas individuais (que, em geral, salvo no caso das ações praticadas pelos indivíduos de maior destaque, se neutralizam em uma média estatística) que resulta *a história*.

Marx chama de *formação econômico-social* o processo concreto que se desenrola sobre a base de um certo desenvolvimento prévio das forças produtivas. O estudo de cada formação econômico-social revela a ação eficaz – política, administrativa, jurídica e ideológica – dos indivíduos de maior destaque inseridos nas condições e limites de seu tempo e de seu lugar, isto é, do modo de produção em que vivem e da classe a que pertencem.

Ainda nos falta assinalar alguns pontos importantes, postos em evidência pela sociologia científica.

O processo histórico tem um caráter natural e objetivo (se bem que a consciência humana, isto é, a individualidade consciente, forma-se nele e nele se manifesta). A cada momento da história, as forças sociais e as realidades escapam ao controle e à vontade dos homens. A cada momento, as consequências dos atos se propagam muito além dos homens que os originaram, sobretudo dos maiores entre eles.

Esse caráter objetivo condiciona o fetichismo, mas não se confunde com ele. O fetichismo propriamente dito apenas aparece em tal caráter quando as abstrações escapam ao controle, ao pensamento e à vontade dos homens. Assim, o valor de mercado e o dinheiro em si mesmos não são mais do que abstrações *quantitativas*: expressões abstratas de relacionamentos sociais e humanos. Contudo essas abstrações se materializam e intervêm como entidades dentro da vida social e através da história, acabando por dominar ao invés de serem dominadas. O processo natural e objetivo toma então um sentido novo. A história do dinheiro e do capital, *em certo sentido*, não é mais do que a história de uma abstração; todavia, também é um processo histórico objetivo, portanto, o objeto de uma ciência.

Examinando-se filosoficamente o materialismo dialético, demonstramos um aspecto tríplice do processo total: um aspecto natural, vital e espontâneo, um aspecto refletido e um aspecto ilusório.

Esse tríplice aspecto se encontra novamente na análise sociológica. O relacionamento prático do ser humano com a natureza e a energia do homem, que cresce com o desenvolvimento da espécie humana, constituem o seu aspecto vital e natural. O desenvolvimento da técnica e a formação do conhecimento científico, da razão e da cultura são o seu aspecto refletido. Enfim, a divisão do trabalho dá lugar às ilusões ideológicas. De fato, é a partir do momento em que, na divisão do trabalho, aparece o trabalho intelectual em vias de especialização, que a consciência (o indivíduo consciente) se libera do real, se imagina sendo algo de diferente da consciência do mundo humano (da *prática social*) e então se lança para as névoas ideológicas. Essa ilusão acompanha os outros fenômenos sociais: distingue-se, mas não se pode separar. Ela age e reage sobre eles. Os *fetiches ideológicos*, as abstrações realizadas, ganham assim uma espécie de vida independente e objetiva, particularmente no âmbito das religiões, das morais e das metafísicas. Os fetiches intervêm na história e na vida da formação econômico-social: dentro delas, por meio das ações dos indivíduos e das classes, vêm a tornar-se fatores ativos, essenciais em aparência, subordinados factualmente. Assim se determina sociologicamente, em sua condição de processo humano que escapa ao controle dos homens, o que já denominamos filosoficamente alienação.

O conjunto das instituições e das ideias resultantes dos eventos e das iniciativas individuais (as ações dos indivíduos que agem e pensam), dentro do esquema de uma estrutura social determinada, foi denominado por Marx de *superestrutura* dessa sociedade. A superestrutura comporta, portanto, em particular: as instituições jurídicas e políticas, as ideologias, os fetiches ideológicos etc. A superestrutura é a expressão (através das interações complexas dos indivíduos) do modo de produção, isto é, dos relacionamentos com a propriedade. As ideologias expressam tais relacionamentos, mesmo e sobretudo quando as aparências ideológicas são destinadas a *mascarar* referidos relacionamentos.

Desse modo, encontramos aqui, mais uma vez, três elementos: forças produtoras, modo de produção e superestrutura. Esses aspectos ou elementos de toda formação econômico-social são distintos entre si, porém interligados, isto é, encontram-se tanto em interação como em conflitos incessantes. Por exemplo, o *direito* moderno discorre sobre os relacionamentos da propriedade capitalista e tenta deduzi-los a partir de princípios abstratos, morais, ilusoriamente superiores e universais, confundindo poupança com capital, propriedade privada com propriedade dos meios de produção, liberdade de trabalho com liberdade de explorar o trabalho alheio, exploração do homem com exploração da natureza etc. Ele codifica as relações dentro desse modo de produção determinado; adquire assim uma espécie de vida própria e reage continuamente com a estrutura da qual faz parte integrante.

De onde provém o devir que impulsiona, através das contradições, dos conflitos e das interações de fatores complexos, cada modo de produção em direção a seu crescimento, seu apogeu e, enfim, seu declínio?

Os elementos do processo total não são iguais entre si. Não se trata unicamente de um aspecto tríplice, em que cada um estaria, mesmo sendo diferente, no mesmo plano que os outros. Desses três aspectos ou elementos, um é o mais essencial, sendo a própria *razão* do processo do devir.

Trata-se do relacionamento do homem com a natureza, o grau de sua potência para agir sobre ela, isto é, o desenvolvimento das forças produtivas. O modo de produção não é senão o modo de organização, em um momento dado, das forças de produção. A superestrutura elabora, codifica ou transpõe (ideologicamente) os relacionamentos humanos para um modo de produção determinado. Ela reage, seja para fazê-los avançar (por exemplo, por meio do Estado político), seja, ao contrário, para conservá-los (pela política "reacionária") frente aos relacionamentos de produção. No entanto, por si mesma, ela não cria nada, apresenta um emaranhado contraditório de conhecimentos do real e de ilusões sobre a realidade, mas não mostra só uma realidade autônoma.

As forças produtivas, em cada momento de seu crescimento, fornecem a base sobre a qual se estabelecem os relacionamentos de produção e se elabora a superestrutura. Tão logo as forças produtivas (particularmente como resultado de progressos técnicos) dão um salto à frente, o modo de produção correspondente é ultrapassado. Desaparece então, naturalmente? Sim, mas ao mesmo tempo, não. Sim, em um sentido: ele ingressa então, necessariamente, por meio de um processo objetivo e natural, escapando às consciências e às vontades, em seu declínio e crise final. Todavia, não, porque a superestrutura e a ideologia mostram então sua relativa independência. Na medida em que os indivíduos agentes e pensantes que pertencem às classes dominantes tomam consciência do processo, eles passam a lutar contra ele: retardam-no, interrompem seu movimento, mantêm um modo de produção desvalorizado, com todas as suas superestruturas. Por que meios? Através da *ideologia*, que mostra então a sua função real: dissimular sob as aparências, mascarar o essencial do processo histórico, dissimular as contradições e recobrir as soluções, isto é, a superação do modo de produção existente sob o véu de falsas soluções.

Foi assim que funcionou, por exemplo, a ideologia feudal. É assim que funciona agora a ideologia capitalista.

Visto sob esse ângulo, o comunismo se define como o desenvolvimento sem limites internos das forças produtivas, a ultrapassagem das classes sociais, a organização racional, consciente e controlada pela vontade e pelo pensamento dos relacionamentos de produção correspondentes ao nível atingido pelas forças produtivas.

Dominando o conjunto do processo, finalmente o conhecimento racional resolve as contradições sociais.

Capítulo IV

A economia marxista

O capitalismo, essa formação econômico-social no seio da qual Marx viveu e dentro da qual vivemos ainda, revela, perante análise, sua prodigiosa complexidade. Tal complexidade não se oferece de boa vontade ao estudo do conhecimento racional. Bem ao contrário. Ela apresenta inicialmente uma *aparência* feita de simplicidade, de clareza e de familiaridade enganadoras. Para o homem cuja vida, experiência ou pesquisas não levam a analisar e a desvelar os mistérios sociais do capitalismo, não parece existir nada de mais claro e de mais imediatista: há dinheiro, existe riqueza, há bens, encontram-se utensílios, gente que trabalha, outros que não trabalham etc. Tudo isso lhe parece simples e claro porque lhe é familiar.

Quanto aos economistas profissionais que não são marxistas, chegam a descrever corretamente alguns fenômenos do capitalismo: percebem bastante bem a amplitude e a complexidade, mas permanecem, em geral, estacionados na soleira da porta do conhecimento racional. A crítica desses economistas exigiria um longo desenvolvimento. Resumindo, dizemos que seus tratados apresentam brilhantes fragmentos de *geografia humana* (descrição das indústrias e das fontes das matérias-primas), de *psicologia* (descrição dos estados de alma do capitalismo) e de *matemática* (estatística), mas muito pouco de economia política e de ciência econômica. Eles oscilam, hesitam entre duas concepções; uns descrevem mais ou menos corretamente um caos de fatos econômicos sem conexões, separados uns dos outros e apartados das demais atividades humanas, portanto, inertes e sem vida. Outros (da escola liberal ou neoliberal) buscam, ao contrário, obstinadamente uma harmonia e uma lei de harmonia entre esses fatos. Aliás, todos apresentam a tendência de descrever o capitalismo de dentro para fora, mas sem o dominarem, como um fato determinado pelo enunciado, inevitável e insuperável. Todos têm a tendência de atribuir uma importância determinante a fenômenos "econômicos" subjetivos: as iniciativas dos indivíduos (especialmente as dos capitalistas), as intenções dos compradores ou vendedores, as necessidades e os desejos dos indivíduos, os sacrifícios que fazem para atender a tais desejos etc.

Está claro, contudo, que quando um objeto econômico, um *bem*, suscita iniciativas, desejos ou preferências, não foram estes estados psicológicos que criaram o objeto. Além do mais, a própria necessidade e o próprio desejo devem ser explicados, e estes se explicam através da história social da humanidade.

Todo idealismo provém do fato de que o pensamento não dialético isola e separa o sujeito de seu objeto, o pensamento da natureza, a razão do devir e a consciência de suas condições objetivas. Os economistas da escola idealista isolam a economia e a ciência econômica e as destacam não somente de toda metodologia de caráter mais geral, mas do resto do humano e da história humana. E é precisamente ao isolar, por meio de uma descrição ou de uma análise superficial, os "fatos econômicos", que eles acabam produzindo pouca economia política científica!

O marxismo afirma, ao contrário, que não existem fatos econômicos isoláveis, definíveis como tal; portanto, não existe uma psicologia econômica. Segundo Marx (ainda que isto esteja bastante afastado daquilo que geralmente lhe atribuem), a economia política não tem qualquer direito ao título de ciência autônoma e independente, cujo objeto são pretensos fatos econômicos. O que é ela, então? É uma *ciência histórica*, que descobre leis históricas (isto é, as leis do devir) e em função delas se ocupa de uma formação econômico-social determinada, o capitalismo, em sua estrutura presente e no seu devir.

Se o capitalismo não é senão um fragmento de uma curva muito mais vasta percorrida pela humanidade, se é um processo histórico, social e objetivo, compreendemos por que a descrição psicológica dos indivíduos permanece na superfície e na aparência. Não que seja falsa, mas somente superficial. Torna-se falsa somente a partir do ponto em que se deseja tornar explicativa.

Compreende-se também porque esta formação econômico-social particular, o capitalismo, não se deixa conhecer racionalmente senão por aqueles que a recolocam no devir, isto é, à luz da história. Em outras palavras, por aqueles que encaram seu nascimento, seu crescimento, seu apogeu, seu declínio e sua desaparição; por aqueles, assim, que a determinam no conjunto (na totalidade) de seu processo.

A estrutura dialética (contraditória) do capitalismo é descoberta a partir do momento em que se cessa de isolar certos fatos, batizando-os com nomes pomposos: fatos econômicos, fatores econômicos, atividades econômicas etc.

Tomemos um exemplo simples e preciso. Um capitalista industrial que investe no melhoramento da maquinaria de sua fábrica: ele compra máquinas novas por meio de capitais que ele acumulou com seus lucros anteriores ou que tomou de empréstimo. A economia política não marxista aproveita a ocasião para descrever e louvar a atividade econômica desse indivíduo, sua livre iniciativa e sua corajosa abstinência, uma vez que não consumiu consigo mesmo a totalidade de seus lucros, a harmonia do processo de juros que lhe permite encontrar quem lhe empreste dinheiro no mesmo momento em que ele quer pedir emprestado etc.

Vamos cessar de separar esse fato e descrever suas modalidades psicológicas superficiais. Constatamos, como o fez Marx, que o capitalista que investe para melhorar os equipamentos de sua empresa muito raramente procede por sua livre iniciativa individual. Em média, de maneira mais ou menos geral, a livre iniciativa do capitalista se reduz ao fato de que ele acelera o funcionamento de suas máquinas, intensifica o trabalho e aumenta a exploração de seus operários tanto quanto puder e tanto quanto seja possível. Se ele renova e moderniza seus equipamentos, é porque se vê forçado a isso. Por quê? Por causa da resistência de seus operários a uma intensificação ainda maior do trabalho, pela concorrência de outros capitalistas (pelo menos nos casos em que de fato existe livre concorrência, quando não se trata de capitalismo monopolizador). Em outros termos, a livre iniciativa do capitalista não é senão o aspecto subjetivo, superficial e aparente de um processo mais amplo, objetivo e contraditório (contradições de classe e contradições no seio da própria classe capitalista, uma vez que existe concorrência).

Consideremos agora as consequências dessa necessidade que assume para o capitalista individual a forma ilusória de sua "livre" iniciativa. Ele moderniza seus equipamentos, ou seja, adquire máquinas para produzir a mesma coisa com menos mão de obra ou obter uma produção ainda maior com a mesma mão de obra. Ele vai arruinar seus concorrentes, ou então eles também serão obrigados a modernizar suas fábricas. Nesse caso, haverá "progresso" econômico, isto é, um desenvolvimento das forças produtivas, mas a preço de ruínas, falências e a miséria resultante para os operários, ou seja, por meio de contradições múltiplas.

Mas isso não é tudo. O capitalista ou capitalistas que aperfeiçoam os meios de produção que detêm tendem a saturar o mercado. Tenderão ainda mais a esse resultado quanto mais produzirem (na verdade, que seus operários produzirem), empregando menos mão de obra, portanto menos pessoal. O resultado é que o poder de compra e de consumo do pessoal industrial tende a não aumentar proporcionalmente com o acréscimo da produção – pode até mesmo diminuir. É certo que algum capitalista que aperfeiçoou sua indústria e obteve um maior lucro momentâneo pode, às vezes, aumentar os salários. Mas o capital investido aumenta, e desse modo permanece a imperiosa necessidade de rendimento. Além disso, tão logo seus concorrentes tenham se igualado a ele em suas reformas, o capitalista em questão perde seu momentâneo lucro extra. Nesse ponto, se considerarmos o conjunto dos capitalistas, o capital global investido que havia aumentado consideravelmente os lucros já desapareceu. Para manter seus lucros médios no mesmo nível, esses capitalistas se verão diante da mesma necessidade anterior: intensificar o trabalho ou reaperfeiçoar os equipamentos, e assim por diante. Esse é um aspecto do verdadeiro "círculo infernal" (infernal porque contraditório) do capitalismo, que não é o círculo infernal dos aumentos de salários levando ao aumento dos preços, cuja inexistência Marx provou, mas o círculo vicioso da corrida pelo lucro.

Esse processo se revela na pesquisa que abandona o ponto de vista do fato ou do indivíduo isolado para contemplar o conjunto, o devir e o processo objetivo. Assim, ele não se explicita, vamos repetir, senão pela análise dialética, que penetra nas aparências subjetivas e ilusões ideológicas.

Notemos de passagem, para começar, que tudo isso são apenas *tendências*, isto é, processos e devires particulares dentro do conjunto processual completo. Essa noção de tendência, de um devir que traz em si mesmo sua orientação e sua lei, é uma noção essencial e totalmente estranha aos não dialéticos.

Notemos ainda que, no exemplo tomado mais acima, trata-se de uma análise do capitalismo normal clássico, o capitalismo do período ascendente ou de seu apogeu.

O capitalismo de monopólio apresenta fenômenos originais. Os marxistas demonstram como esse capitalismo monopolizador desenvolveu-se naturalmente a partir do capitalismo de livre concorrência, e como ele é um capitalismo em declínio ou, mais exatamente, demonstra o declínio necessário do capitalismo como um todo.

Dito isso, abordemos o problema mais geral, que já foi indicado na parte metodológica da presente exposição.

A análise do todo complexo dos dados (o capitalismo) extrai deste todo uma forma celular, a forma-mercadoria do produto do trabalho, ou a forma-valor da mercadoria.

Essa forma ingressa a seguir em processos que a transformam e modificam; tais processos, todavia, a pressupõem e a implicam. O capital tenta funcionar como uma entidade absolutamente independente, a partir do momento em que dinheiro produz dinheiro diretamente, e que capital gera capital: através do capital financeiro e da especulação. Contudo, apesar de seus esforços (os esforços do capitalismo), o capital não consegue separar-se metafisicamente e funcionar por si mesmo, em estado puro. Ele implica a produção de objetos e o valor de mercado desses objetos de consumo.

A análise atinge, portanto, o *valor* como forma elementar; aliás, esta forma não é evidente e simples, como os elementos que pretende atingir a análise cartesiana. Ao contrário, ela se revela de uma complexidade e sutileza teológicas, consoante nos diz Marx. O elemento não se mostra nem simples nem isolável de um processo histórico e social já em si mesmo complexo. Assim, uma célula biológica não se isola do organismo, nem tampouco de seu processo evolutivo; entretanto, para a análise, ela tem uma existência elementar real.

A forma-valor revela logo um movimento dialético. Tem duplo aspecto: valor de uso e valor de troca. Um único e o mesmo objeto apresenta esses dois aspectos, dos quais cada um exclui o outro, mas que, não obstante, se implicam mutuamente. Em sua qualidade de valor de uso, o objeto se deseja, se prefere a outros, se utiliza e se consome. Como valor de troca, ele não é desejado senão pelo dinheiro que contém virtualmente. Ele se destaca tanto do trabalho produtor como dos estados psicológicos que suscita em sua condição de valor de uso. Assume uma nova existência, uma existência social, a existência da mercadoria no mercado. Seu valor de uso é relegado a segundo plano, senão esquecido, durante todo o tempo que dura sua existência como mercadoria, ao longo de todo o lapso de tempo que dura o processo de troca.

O que representa durante esse tempo o objeto trocado? O que resta de suas qualidades iniciais e finais, aquelas que ele apresenta como objeto desejável e útil? Uma única propriedade lhe resta: a de ser *o produto de um trabalho* e, a esse título, comparável e comensurável com outros produtos do trabalho. Porque essa propriedade do objeto é uma *quantidade*. O trabalho, considerado não mais do lado estritamente individual (habilidade do produtor, iniciativa, fadiga etc.), mas pelo seu aspecto social, é um *tempo de trabalho*. O objeto acabado representa um tempo de trabalho, mas não um tempo de trabalho individual, porque agora as características individuais passam para um segundo plano e se negligenciam durante o processo social de troca. O objeto passa a representar um *tempo de trabalho social médio*.[11] Dada a produtividade do trabalho em um momento (histórico) dado, cada objeto representa, encarna ou incorpora uma certa parte da produtividade

---

11. Está claro que se trata aqui de objetos reproduzíveis socialmente e não de objetos de arte ou de luxo, cujo valor se aprecia efetivamente por motivos "psicológicos". (N.A.)

média, uma certa porção do trabalho total fornecido por essa sociedade. É precisamente essa parcela do trabalho total que é representada no *valor*, ou seja, na avaliação em dinheiro do produto.

Observemos inicialmente que aqueles que descrevem os estados psicológicos do produtor e do consumidor ou do comerciante permanecem na superfície do fenômeno. O que descrevem é real, mas sua descrição se torna falsa na medida em que ela pretende captar o conjunto do fenômeno, porque o essencial lhe escapa, ou seja, o processo social.

Em segundo lugar, o valor não representa um tempo de trabalho individual, mas uma média social, global e estatística em um momento dado, dentro de uma determinada sociedade, com um grau estabelecido de desenvolvimento das forças produtivas, ou seja, com uma produtividade média de trabalho, ela mesma determinada pelo conjunto das técnicas empregadas, pela organização do trabalho e assim por diante. Aqueles que atribuem a Marx a determinação do valor pelo tempo de trabalho individual do artesão ou do operário falsificam (conscientemente ou não) uma contrafação de sua teoria; eles a caricaturam para poder melhor refutá-la, tanto mais facilmente, porque a tornam absurda!

Logo surge a objeção: "Mas esse tempo de trabalho social médio não passa de uma abstração! Uma quantidade pura!" Precisamente! Marx demonstrou com riqueza de detalhes como a mercadoria em si mesma se despoja de suas qualidades para assumir uma existência abstrata e quantitativa. Expôs daí que o trabalho social médio não é mais do que uma abstração quantitativa, mas também demonstrou como essas abstrações quantitativas se formam necessariamente e assumem uma existência independente no decorrer do processo social de troca. Esse tipo de existência independente é tão incompreensível quanto as estatísticas globais médias descobertas de todos os lados pela ciência, a partir da ideia inicial de Marx, que são perfeitamente quantificáveis e que todavia existem, até certo ponto, de forma independente dos processos individuais elementares que contribuem para sua formação – sem poder, é evidente, separar-se de tais processos.

Por fim, Marx demonstrou como essa abstração quantitativa se realiza e se materializa através do *dinheiro* (a moeda). Para começar, o produto da mão humana (a mercadoria) e o produto da cabeça humana (a avaliação) decididamente tomam uma existência aparentemente independente. Encontramos novamente aqui, sob o ângulo da análise econômica, a teoria geral do *fetichismo*.

Entretanto, a produção de mercadorias (a troca) não se pode isolar. Ela supõe um certo grau de desenvolvimento social, portanto só aparece a partir de um determinado momento na história. Mais precisamente, ela implica a divisão do trabalho. Com efeito, para que haja trocas, é preciso que os produtores já sejam especializados no emprego de técnicas diferentes; portanto, precisam trocar os produtos de seu trabalho. Através da troca, o trabalho social *dividido* no interior de um conjunto dado, de um país ou de uma sociedade, se restabelece como conjunto sob a forma do trabalho social médio. Por meio da troca, isto é, pela concorrência entre os produtores (que arruína os menos hábeis e os menos bem-equipados), a sociedade alicerçada sobre a barganha e o comércio distribui a produtividade de que dispõe e a reparte nos diferentes ramos da produção, segundo o conjunto das necessidades existentes e das possibilidades do mercado. Esse processo escapa ao controle e à vontade dos indivíduos; realiza-se objetivamente, como um processo natural; traduz-se objetiva e brutalmente por ruínas, eliminações e falências.

Quem diz divisão do trabalho também diz propriedade (propriedade dos meios de produção). Sob esse ângulo, o que implica e o que significa o valor de mercado?

Os produtores não fazem parte de uma comunidade social; são isolados, separados da comunidade, inicialmente por um trabalho parcelar (dividido) e depois porque os instrumentos (meios de produção) pertencem a outros indivíduos sob a forma de propriedade privada (quer esses indivíduos sejam os próprios produtores, como é o caso do artesanato, quer não o sejam, aqui é um fato secundário). Então, o conjunto social se restabelece através do valor, da mercadoria, do dinheiro e do mercado. O trabalho não perde nunca seu caráter social: é sempre o conjunto do trabalho, da produtividade média de uma dada sociedade que se manifesta através dos produtos. Mas, no seio de toda sociedade fundamentada sobre o escambo, o produtor se encontra simultaneamente isolado e em ligação com os outros, tendo o mercado como seu intermediário. O trabalho é ao mesmo tempo social e separado da sociedade (privado e alicerçado sobre a propriedade privada). O caráter social que o trabalho não pode perder se restabelece de uma forma que, novamente, escapa ao controle e à vontade, de uma maneira indireta, global, mediana e estatística, portanto brutalmente objetiva e destrutiva dos indivíduos. Como nos disse Marx, o conjunto do trabalho social se estabelece como troca privada dos produtos do trabalho.

Em consequência:

1) A forma que reveste o valor (mercadoria e dinheiro) implica relacionamentos sociais determinados, eles próprios constituindo fatos históricos, momentos do processo histórico e do desenvolvimento humano. Entretanto, esse conjunto de relacionamentos implicados, de certa forma como conteúdo histórico e social, é ao mesmo tempo mascarado e dissimulado pela própria forma. No que se refere

ao dinheiro, esquece-se completamente de que se trata do trabalho social médio "cristalizado" em moedas ou em cédulas do tesouro. O dinheiro, portanto o capital, toma a forma e a aparência de uma *coisa* em si mesma, mesmo que não seja mais do que relacionamentos humanos.

2) Esses relacionamentos humanos são, aliás, profundamente contraditórios. A contradição fundamental, raiz de todas as outras, é entre o caráter necessariamente social do trabalho humano e a propriedade privada dos meios de produção. Já que essa contradição existe, inconsciente mas objetiva, os relacionamentos sociais tomam uma forma, em si mesmos, exterior à consciência e brutalmente objetiva; eles escapam ao controle do homem, por mais que sejam a obra do homem ativo e criador.

3) Assim se determinam positivamente, no plano da ciência econômica, o fetichismo e a alienação do homem.

É o processo social inteiro que guarda uma realidade natural, objetiva, exterior à consciência e à vontade, e isso no próprio momento em que aumenta o poder do homem sobre a natureza, em que o progresso na técnica e a organização do trabalho permitem o progresso do conhecimento e da consciência. Eis aí um processo inevitável, historicamente necessário: uma lei interna do devir humano.

A existência independente tomada pelas abstrações prolonga e continua o império da natureza exterior sobre o homem, justamente no momento em que se afirma a potência do homem sobre a natureza.

Dito isso, quais são as consequências especificamente capitalistas do *valor*, consequências que se desenvolvem com um caráter objetivo, determinado, fora da consciência e da vontade dos homens – inclusive da dos capitalistas? Uma vez que a forma do valor aparece desde o processo de troca (desde a economia dos mercadores), que modificações e transformações lhe traz a economia capitalista?

No Tomo I de *O capital*[12], Marx demonstrou como os *preços* das diferentes mercadorias oscilam em torno de seus *valores* (determinados pelo tempo de trabalho social médio necessário para sua produção), de acordo com as flutuações da oferta e da procura. O valor de um produto representa, portanto, a média social (estatística) dos diferentes preços e, salvo no caso raro em que a oferta e a procura se equilibram, o produto nunca é vendido por seu valor real, mesmo que seja o valor que determine o preço.

Ainda no Tomo I, Marx demonstra que o capitalista compra e acrescenta a seu valor de mercado – portanto honesta e normalmente dentro da estrutura capitalista – uma mercadoria particular: a *força de trabalho* do assalariado. O assalariado (ou antes, a classe dos assalariados) se encontra privado dos meios de produção e separado deles, mesmo que execute uma função essencial no processo do trabalho social e, assim, não tem outro recurso senão o de vender ao capitalista a sua força de trabalho. O capitalista (isto é, a classe dos capitalistas) compra essa mercadoria e a acrescenta *ao seu valor* (a seu preço de mercado, que oscila em torno do valor), o qual é determinado, como acontece com toda mercadoria, pelo *tempo de trabalho* necessário para sua produção. No que se refere ao assalariado e à sua força de trabalho, a produção e a reprodução dessa força de trabalho representam o custo de sua manutenção e da manutenção de sua família, dentro de condições históricas e sociais determinadas (desiguais conforme o país, mas que tendem a reduzir a concorrência entre os assalariados e a pressão capitalista). O *salário* representa assim o tempo de trabalho socialmente necessário para o sustento

---

12. Volumes I a IV da tradução de Molitor. (N.T.)

do operário (ou seja, o tempo de trabalho social fornecido pelo operário, durante o qual ele está trabalhando para si mesmo). Porém, esse tempo é necessariamente inferior ao tempo de trabalho (social médio) que pode fornecer esse assalariado, sem o que a produtividade desse trabalho seria fraca ou nula, e o capitalista não teria nenhum lucro e, consequentemente, nenhum interesse em dar-lhe emprego. A diferença entre o salário ou tempo de trabalho (social médio) necessário para o sustento do assalariado[13] e o tempo de trabalho (social médio) fornecido em troca desse salário pertencem, no regime capitalista, ao capitalista empregador.

É o trabalho extra fornecido pelo operário a única fonte do lucro capitalista e a única explicação possível para esse lucro. O capital, a partir do momento em que compra a força de trabalho, adquire uma *mais-valia*.

No Tomo II de *O capital*[14], Marx demonstra como se distribui a produtividade global da sociedade entre os diferentes ramos e setores da produção (Setor I – produção dos meios de produção; Setor II – produção dos meios de consumo). Ele demonstra que a venda dos produtos e a acumulação do capital exigem certas proporções definidas entre os setores, e que estas proporções são constantemente violadas, por falta de uma planificação racional da economia. Disto surgem as *crises de superprodução (relativa)*, inevitáveis, de um lado, por causa das desproporções perpétuas entre os ramos da produção e, de outro, pelo fato de que os salários (renda da massa da população) não podem consumir senão uma parte relativamente pequena de seus próprios produtos. A lei interna do capitalismo não é, desse modo, uma lei de harmonia e de ordem, mas

---

13. Nas condições práticas variáveis segundo o momento, o país e, sobretudo, segundo a resistência oposta pelo proletariado às tentativas para rebaixarem seu nível de vida. (N.A.)
14. Volumes V a VIII da tradução de Molitor. (N.T.)

uma fatalidade de contradições e de desordem, por mais que a tendência do capital para concentrar-se tenha levado a crer no contrário.[15]

No Tomo III[16], Marx analisa a distribuição da renda nacional segundo as classes sociais. Ele mostra que o sistema só pode se sustentar pela formação, dentro de seu caos interno, de certos *meios sociais* globais, estatísticos, que aparecem espontaneamente. Tal é a *taxa média de lucro* que cada capitalista junta normalmente a suas despesas de produção para calcular o preço de venda pelo qual ele se dispõe a ceder a mercadoria produzida por sua empresa. Marx analisou minuciosamente os relacionamentos entre o valor dos produtos, os custos de produção e a taxa média de lucro. Ele estabeleceu que o "preço de produção" capitalista não é outra coisa senão a consequência do valor traduzida na linguagem das aparências capitalistas, que dissimula a origem real do lucro, isto é, a mais-valia. Ele estabeleceu, além disso, que a corrida capitalista para o lucro, o aumento da maquinaria, o aumento da produtividade e o crescimento da massa dos lucros provocam, ao mesmo tempo que dissimulam, *a tendência à baixa do lucro médio*. Esta última contradição, uma das mais profundas, condena o capitalismo não a um desabamento automático, mas a uma agravação de suas contradições internas – a uma *crise geral* inevitável.

A tendência ao equilíbrio dentro da sociedade capitalista está, assim, em perpétuo conflito com a tendência à destruição desse equilíbrio. Tal tendência o domina momentaneamente por ocasião das crises cíclicas clássicas – para depois vencê-lo decisivamente na crise geral. A crise geral sacode o capitalismo no próprio momento em que a concentração do capital (os monopólios) provoca

---

15. Aos teóricos do "superimperialismo" etc. (N.A.)
16. Volumes IX a XIV da tradução de Molitor. (N.T.)

a aparência e cria a ilusão ideológica de uma organização interna do capitalismo.

A sociedade burguesa formou-se, portanto, em um momento dado da história, com base em um certo desenvolvimento das forças produtivas. A burguesia teve uma missão histórica: desenvolver as forças produtivas ao quebrar os entraves do modo de produção anterior. Mas, depois, o modo de produção capitalista tornou-se, por sua vez, um empecilho ao desenvolvimento das forças produtivas, entrou em conflito permanente com elas – um conflito que ainda deve ser resolvido. A missão histórica da burguesia já está terminada: é uma classe em declínio, que só consegue defender-se por meio da violência e das artimanhas. As condições que permitiram sua dominação desapareceram e estão superadas. Cabe ao proletariado agente a missão histórica de resolver o conflito: colocar em acordo o modo de produção e as forças produtivas prodigiosamente ampliadas.

Sob esse ponto de vista, o comunismo restitui o caráter social do trabalho, que não pode mais perder, mas que entra em contradição com a propriedade privada dos meios de produção.

Ele supera a divisão parcelar do trabalho; ou, antes, aquela divisão parcelar que condicionava a propriedade privada dos meios de produção se encontra já ultrapassada pela maquinaria moderna e pela grande indústria. Ela tende a novas formas que somente a ação libertadora do proletariado pode desencadear e tornar realidade.

É assim que as leis internas do capitalismo são leis históricas e dialéticas, leis do devir que conduzem a sociedade moderna, através de muitos conflitos, até uma superação decisiva.

Capítulo V
A política marxista

Marx nunca preconizou o igualitarismo sumário que tantas vezes confundem com seu pensamento, seja para exaltá-lo, seja para denegri-lo em relação ao espírito democrático e ao comunismo. Ele aceitava a desigualdade das funções, mas fazia distinção entre funções de direção, funções de comando, funções de organização e funções políticas.

As primeiras, que são as funções técnicas, aparecem espontânea e necessariamente. Sobre todo grupo em ação, se impõe uma organização, cujo comando é assumido por alguns indivíduos. Desde que, espontaneamente ou segundo algum tipo de seleção, sejam escolhidos os indivíduos mais capazes, não existe nada de criticável aqui. Em certas sociedades primitivas ou muito antigas, nas quais o melhor guerreiro se tornava o chefe durante a guerra, mas depois reocupava seu lugar dentro da comunidade, esse processo espontâneo de organização não retirava nada do caráter democrático dessas sociedades. Na sociedade socialista, a atribuição das funções dirigentes às pessoas mais hábeis não rouba nada à democracia, bem ao contrário: ela *realiza* a democracia, deixando como única hierarquia a hierarquia mutável dos talentos individuais. Uma seleção organizada e refletida deverá, dentro de uma sociedade racional, tornar consciente o processo natural segundo o qual toda ação social (coletiva) revela certos indivíduos capazes de assumirem sua direção.

A infelicidade (da alienação) não provém desse processo natural ou consciente, mas do elemento ilusório que sobre ele se superpôs.

As funções dirigentes (comando, organização, administração e assim por diante) se separaram das necessidades concretas a que correspondiam. Fixaram-se à parte e, em consequência, foram erigidas por fora e por cima da sociedade. Elas se transformaram em funções *políticas*.

Esse processo de fixação, já mencionado, acompanhou através da história a divisão do trabalho, a separação do trabalho material e do trabalho intelectual, a formação da propriedade privada e a organização das classes. Em certas condições históricas, as funções dirigentes se tornaram hereditárias, porque se encontraram ligadas à situação de indivíduos dentro da estrutura social, a suas riquezas individuais e não a seus talentos. Fixas, essas funções se tornaram propriedade de castas e de classes dominantes. Foi assim que se formou o *Estado*: as funções políticas se destacaram das outras funções e foram fixadas à parte; as castas ou classes economicamente dominantes então as açambarcaram, ou ao menos tentaram controlá-las absolutamente, travando-se uma luta encarniçada para apoderar-se das honras e benefícios particulares que acompanhavam tais funções.

O que representa, portanto, o Estado? Ele parece, segundo uma descrição ou uma análise superficial, ser uma emanação da sociedade inteira, mas esse é um grave erro, uma confusão entre as funções dirigentes e as funções políticas. As primeiras dão origem às segundas somente dentro de certas condições. E quais são essas condições?

Logo que as classes se separam e se opõem, é necessário que surja acima delas um poder maior e interior, pelo menos aparentemente. Para impedir que a classe dominante esmague a classe oprimida ao ponto de fazê-la desaparecer e, portanto, suprimir as condições de sua própria dominação, a fim de proteger os oprimidos contra os excessos de certos indivíduos entre os opressores, com o fito de arbitrar os conflitos entre os indivíduos e os grupos, e particularmente os que surgem entre os opressores – é necessário um *poder de Estado*. Esse poder se ergue acima da sociedade, mas somente porque a comunidade social já está quebrada em classes. Ele *parece* superior à sociedade, ao mesmo tempo que emana dela, mas apenas apresenta essas duas características porque tal sociedade de antemão se dividiu. Por fim ele se tornará o juiz, o representante de uma justiça superior, executada por um árbitro imparcial etc. De fato, o Estado que exprime uma determinada sociedade, a representa tal qual ela é, isto é, traduz e sanciona sua estrutura de classes e, consequentemente, a dominação de uma dessas classes. Mesmo quando dá a impressão de estar protegendo os oprimidos ou os explorados, mesmo que de fato os proteja contra alguns excessos, ele conserva as condições necessárias para que haja a dominação de classe.

Existem portanto, na formação do Estado político, três elementos:

1) Um *elemento espontâneo*, o processo natural através do qual aparecem as funções dirigentes da sociedade.

2) Um *elemento refletido*: tão logo a sociedade se diferencia e se complica, as funções de direção exigem um certo conhecimento (que permaneceu *empírico*, até o surgimento do marxismo) da estrutura social, das necessidades, dos interesses presentes, das obrigações e direitos recíprocos, em resumo, do conjunto social. Através desse conhecimento confuso, as funções espontâneas de direção se elevam à graduação de funções administrativas, jurídicas e assim por diante.

3) Um *elemento ilusório*, de uma importância capital. Sempre sob a cortina de fumaça de uma ideologia, o poder do Estado foi exercido em um sentido determinado,

somente *parecendo* independente e imparcial. As funções administrativas ou jurídicas se realizavam visando aos interesses da classe dominante. As necessidades do conjunto social se encontravam perpetuamente enviesadas, interpretadas em favor desse sentido, sob a cobertura de uma imparcialidade superior. (Assim os reis, que oprimiam e exploravam os povos, passavam por "pais do povo" e frequentemente chegavam a adotar esse título.)

É necessário observar que os homens políticos das classes dirigentes, no decorrer da história, acreditaram muitas vezes, até quase sempre, nas ideologias que defendiam. O marxismo distingue a aparência ideológica do cinismo político. O primeiro que desvendou os procedimentos desse cinismo foi Maquiavel.

Ajuntemos de imediato que reconhecer Maquiavel como o criador da lucidez em matéria política não significa absolutamente ligar-se aos princípios do maquiavelismo mas, ao contrário, buscar a verdade política para adotá-la em substituição ao maquiavelismo.

O Estado político, desse modo, refletiu sempre a estrutura de classes e a dominação de uma classe dentro da sociedade que governava. Aliás, nem tanto expressava a dominação de uma classe como enfrentava suas dificuldades e obstáculos. Isso é o mesmo que dizer que o Estado refletia assim as resistências da classe ou das classes oprimidas e, por vezes, as suas vitórias. A história conjunta das lutas de clãs, castas ou classes resume os resultados mais ou menos favoráveis dessas lutas, os compromissos e as vitórias, os acontecimentos e as transformações, as guerras civis e as guerras exteriores. É, portanto, uma história prodigiosamente complexa, na qual as instituições não se separam de indivíduos atuantes, de funções reais, de mistificações ideológicas ou de esboços de um conhecimento real. É uma história diplomática, jurídica, financeira, administrativa, mas também, e acima de tudo, a história de forças em conflito – de classes –, que vem resumir-se na história do Estado político. Como estudar a formação do Estado romano e do Direito romano sem estudar os conflitos entre a plebe e os patrícios e as revoltas dos escravos?

Em particular, o Estado *democrático* reflete sempre a resistência da classe ou das classes exploradas. Implica um *compromisso* entre as classes. Isso não significa que, na democracia moderna, a classe dominante perca automaticamente sua supremacia econômica, abandone de forma espontânea as funções monopolizadas e permita com que se dissipem as névoas ideológicas. Em absoluto. O Estado democrático tem um duplo caráter dialético e contraditório. Uma vez que implica a existência das classes e de sua luta, por um lado ele exerceu a expressão de uma ditadura efetiva, isto é, a da classe dominante, enquanto por outro ele se viu obrigado a permitir a expressão dos interesses e dos objetivos políticos das classes dominadas. Ele foi obrigado a tolerar a organização dos trabalhadores (sindicatos, cooperativas e assim por conseguinte). O compromisso democrático não suprime a luta de classes; muito ao contrário, ele *a exprime*. Historicamente, não poderia ocorrer de outro modo; a burguesia foi forçada a apelar para o povo em sua própria luta contra os senhores feudais e, de outra parte, descobriu-se obrigada, por força de sua própria ideologia, a admitir a liberdade de opinião, de expressão, de pensamento ou mesmo de organização. A ação popular serviu somente para colocar a burguesia contra a parede e constrangê-la a não relegar mais suas teorias ao domínio da ideologia. Essa ação, em suma, voltou contra a burguesia – legitimamente, segundo Marx – as ideias lançadas por ela mesma no tempo de sua ascensão política e de sua própria revolução.

A história da democracia mostra o duplo aspecto da democracia e somente se explica através dele. As instituições democráticas, em todos os países e na história individual de cada país, refletiram a forma momentânea do compromisso, isto é, o relacionamento momentâneo das forças no interior da nação (e igualmente no plano internacional).

O resultado de tudo isso é que a democracia burguesa é um regime instável. Ela comporta uma direita e uma esquerda que se digladiam pelo poder. É um regime de partidos. No seu conjunto, os partidos representam as classes existentes: proprietários latifundiários feudais, capitalismo industrial, capitalismo financeiro, classe média, pequena burguesia (classe média baixa), camponeses e classes operárias. Só que essa classificação dos partidos não pode ser considerada estaticamente. Os fenômenos políticos são mais complexos. Entre as classes, sem que isso detraia nada de sua realidade, encontram-se transições, formações intermediárias, meios de expressão de seres humanos, de tonalidades políticas e dos pequenos partidos. As grandes crises provocaram reagrupamentos. Finalmente e acima de tudo, o alto capitalismo tende a reunir sob sua égide todos os representantes da burguesia e a reagrupar – não sem resistências – os partidos dos latifundiários feudais no mesmo bloco que o das classes médias, da classe média baixa ou até mesmo o da aristocracia proletária. Os partidos proletários constituem, por sua vez, um polo de atração para os representantes de todas as classes populares (camponeses, classe média baixa etc.). De tudo isso, resulta uma vida política complexa, agitada, cada vez mais nitidamente polarizada, como Marx descreveu e analisou em suas obras especificamente políticas.

A democracia burguesa marcha, portanto, com maior ou menor velocidade – mas necessariamente – para uma crise de transformação. A forma, o momento e o fator desencadeante dessa crise dependem de eventos exteriores ou interiores, de indivíduos representativos, de sua inteligência, de sua habilidade, de seu prestígio – mas também e sobretudo do relacionamento das forças no momento decisivo.

Ora, a crise pode se resolver tanto de forma reacionária como pelo retorno da monarquia; ou, com maior frequência, pela adoção de um *bonapartismo* (analisado por Marx com relação a Napoleão III). Em todos esses casos, trata-se de uma ditadura mais ou menos aberta, mais ou menos brutal e corrompida, alicerçada sobre as massas, sobre as classes populares e sobre o proletariado (por exemplo, o fascismo...).

Ou então, a crise se resolve por um salto à frente em direção ao socialismo e ao comunismo. A democracia muda decididamente de sentido. A classe dominante, como tal, se vê eliminada. O Estado cessa de ser o órgão de sua ditadura disfarçada em imparcialidade e camuflada ideologicamente. As aparências e as ilusões políticas tombam. O povo e sua vanguarda proletária assumem abertamente a direção dos negócios e os gerem no sentido de seus próprios interesses, que se fazem coincidir com os da nação, a qual cessa de representar os grandes capitalistas monopolizadores. É esse, então, o fim da democracia? Sim, mas também não. É o fim da democracia *burguesa*, de sua ideologia, de seus partidos direta ou indiretamente a serviço do capitalismo. É a liquidação mais ou menos rápida e violenta (segundo a intensidade da "reação") de uma classe (a burguesia) e simultaneamente de um sistema econômico (o capitalismo), juntamente com um Estado político determinado (o Estado burguês, com seu funcionalismo, sua imensa burocracia, seus sistemas policial e jurídico e assim por diante).

Mas, ao mesmo tempo, é a gestão dos negócios públicos da nação no sentido reclamado mais ou menos claramente pela grande maioria. É uma nova forma de fiscalização. É a instituição de organismos democraticamente controlados que tomam as alavancas de comando da indústria, das trocas comerciais e da agricultura, a fim de desenvolver as forças produtivas e organizá-las racionalmente (planificação). É a formação de um novo tipo de Estado, o Estado socialista, para o qual cada nação terá de descobrir sua própria fórmula em função de suas tradições, de suas experiências, de sua estrutura, das forças que nela se enfrentam e das ações recíprocas.

Desse modo, essa transformação é *a realização final da democracia*.

Ditadura do proletariado (sobre a burguesia) – fim da democracia burguesa – florescimento da democracia – realização das promessas feitas pelos democratas burgueses ou da baixa classe média, porém jamais cumpridas – todos são termos equivalentes. Se existe uma *ditadura*, é a ditadura da ciência econômica e sociológica, transformada em reguladora do conjunto social sobre os meios cegamente surgidos pelas iniciativas particulares, sem controle e sem lei, que caracterizaram o instável equilíbrio capitalista.

Através dessa crise, mais ou menos longa e convulsionada, a democracia, conforme diz Marx, se transforma em uma democracia *socialista*. O processo de transformação é um processo histórico e completa um período histórico. Isso significa que podemos representar o ponto de partida (a democracia burguesa capitalista) e o ponto de chegada (a democracia socialista). O processo intermediário, contudo, não pode ser esquematizado de antemão, dependerá de múltiplas interações, dos eventos, dos homens, dos relacionamentos entre as forças em escala mundial. Inevitavelmente, será um processo acidentado e sinuoso (dialético), embora as grandes etapas sejam *necessárias*.

Marx, sobre um ponto capital, dissipou uma confusão muito difundida em seu tempo (e talvez ainda hoje): *o socialismo ainda não é o comunismo*.

Ele comporta um Estado, um funcionalismo e organização estatais e, portanto, ainda uma burocracia, um aparelho repressivo e um aparelho jurídico. Ainda que o sentido do Estado tenha mudado, ele ainda traz após si – como a sociedade inteira o faz – as sobrevivências e os prolongamentos das épocas passadas. A influência da classe anteriormente dominante continua, portanto permanece a luta contra ela. Subsistem diferenças (trabalho intelectual e trabalho material, campesinato e proletariado etc.).

Sob o ponto de vista político, o *comunismo* se define pela liquidação definitiva dessas sobrevivências e de seus prolongamentos. Para muitas pessoas que ignoram esse axioma do pensamento marxista, é necessário dizer e repetir que *a expressão "o Estado comunista" é desprovida de significado*. Com efeito, o comunismo é caracterizado pela supressão do Estado, por sua superação.

No decorrer do período *socialista*, que é a transição para o comunismo, o Estado se vai transformando progressivamente. A função política desaparece como havia aparecido. As funções de gestão, espontâneas e necessárias em toda sociedade, passam novamente para o primeiro plano. Um sistema seletivo, cujas modalidades deverão ser determinadas dentro de cada estrutura nacional, permite aos indivíduos mais capazes (para exercer determinadas funções) emergir e realizar sua formação. As próprias massas são convocadas a produzir esses indivíduos para compreender e preencher as engrenagens da sociedade e suas técnicas administrativas. Desse modo, o Estado perece como tal; não que degenere, mas é *reabsorvido* pela sociedade, por meio do desaparecimento da função política, depois de ter guindado a sociedade inteira – na pessoa dos indivíduos mais capazes – ao nível de consciência e de conhecimento que implicam as funções da organização.

É esse desaparecimento do Estado que anuncia a sociedade comunista. Implica, portanto,

1) o desaparecimento completo das classes e de suas sobrevivências;

2) um prodigioso desenvolvimento das forças produtivas (a "era da abundância", já tecnicamente possível no século XX);

3) a superação da divisão do trabalho em trabalhos subordinados (materiais) e trabalhos superiores (intelectuais);

4) um desabrochamento do indivíduo livre dentro de uma sociedade livre, em que o individual não mais se oponha ao social, mas nele encontre as condições de seu desenvolvimento total, de tal sorte que os dons naturais e espontâneos de cada um sejam racional e conscientemente cultivados (no sentido profundo do termo *cultura*).

Aos períodos históricos e às formas sociológicas cuja análise foi precedentemente esboçada, precisamos ainda acrescentar:

a) *a democracia*, em um momento mais ou menos avançado de seu desenvolvimento, de seu aprofundamento e de sua transformação;

b) *o socialismo*, ele mesmo não mais do que uma transição em direção a outra forma:

c) *o comunismo*.

A análise dessas formas pertence à *política*, uma vez que chegamos ao momento da história em que essas transformações se impõem e efetuam.

Elas não são fatais; são necessárias – exatamente como é necessário para um ser vivo crescer e esperar por sua maturidade, caso não morra ou se enfraqueça em consequência de uma doença crônica! Aqui a necessidade é uma necessidade de devir, isto é, que suponha certas condições reais, ao mesmo tempo que a atividade necessária para realizar as possibilidades. É uma ação dialética da necessidade e não simplesmente mecânica. Dadas as contradições e os problemas do mundo moderno, há uma solução e apenas uma: o devir nesse sentido. Mas não é "fatal" que os problemas sejam efetivamente resolvidos.

Marx jamais disse que o comunismo será um "paraíso terrestre". Ele recusou-se a fazer qualquer antecipação. O comunismo comportará um gênero ou estilo de vida do qual não fazemos ainda ideia. A época comunista criará um estilo de vida, seguindo as suas próprias condições, isto é, de acordo com um grau totalmente imprevisível da liberdade humana com relação à natureza e às condições materiais. O comunismo, tendo por condição a *potência* humana desenvolvida sobre a natureza, comporta precisamente uma grande liberdade humana com relação a certas condições.

Dessa dialética, não se pode tirar qualquer antecipação que não seja prematura. Como a sociedade comunista resolverá os problemas da vida, do amor, da arte etc., é coisa que não podemos prever. Cada problema, cada solução chega em um determinado momento – *em seu momento* – ao longo do devir histórico. O marxismo exclui o utopismo.

Marx jamais disse que o comunismo possa ser o período terminal da história humana. Bem ao contrário. Apenas não temos a menor condição de dizer exatamente o que virá depois dele.

Do que precede, resulta evidentemente que hoje em dia não existe ainda no mundo *nenhuma sociedade comunista*, não no sentido preciso atribuído por Marx a esse termo.

Deixando a análise das formações econômico-sociais passadas para abordar as perspectivas (e com elas os problemas) da ação, o marxismo não abandona a razão, o conhecimento e o domínio científico.

Esses dois pontos de vista, o do conhecimento e o da ação, apenas são considerados separadamente por doutrinas estáticas e não dialéticas.

A análise das formações econômico-sociais do passado já é uma análise do devir histórico. É ainda dessa análise que a dialética marxista tira suas previsões, suas palavras de ordem e suas apreciações.

Para a dialética, o possível não se separa do realizado – nem os valores se distinguem da realidade – nem o direito se distingue do fato. O devir engloba esses diferentes aspectos: o possível não é mais do que a tendência profunda do real.

Em consequência, a política marxista é uma política fundamentada sobre o conhecimento. As diretivas de ação se baseiam em uma análise das situações. Se aquelas mudam, é porque a situação, sempre em movimento, também mudou.

Por fim, trata-se de uma ciência política, essa ciência política que o pensamento burguês havia anunciado e talvez pressentido – mas que, petrificada dentro de suas justificações e de suas ilusões ideológicas, não conseguiu ser atingida.

Quem diz "ciência política" diz também e reciprocamente "política científica", isto é, fundamentada sobre um método racional: o método dialético.

Já no término desta breve exposição e sob um ângulo novo – concreta e praticamente – reencontramos o nosso ponto de partida, ou seja, *o método*.

Conclusão

Já faz um século que Karl Marx – um pouco antes da Revolução de 1848 e em relacionamento estreito com a fermentação revolucionária que atravessava a Europa – percebeu as linhas gerais do vasto conjunto teórico que deveria tomar o nome de *marxismo*.

A história do marxismo – de seu desenvolvimento, de sua influência e das polêmicas que se travaram a seu respeito – seria suficiente para preencher um livro extenso.

Inicialmente, Marx desenvolveu e aprofundou, sob a indiferença quase geral e em um isolamento quase completo, suas teses fundamentais. Particularmente durante os trabalhos preparatórios a *O capital* e ao momento da descoberta da *mais-valia* (entre 1852 e 1859), foi praticamente Engels o único a sustentar seu amigo, material e espiritualmente.

Desde que a influência e a irradiação do marxismo se começaram a impor, ou seja, desde a época da Primeira Internacional, as interpretações errôneas ou tendenciosas se multiplicaram.

Eis aqui, por exemplo, um divertido fragmento do verbete *Marx* na Enciclopédia *Larousse do Século Dezenove*, que foi publicada cerca de dez anos antes da morte de Marx. O artigo contém uma descrição animada e benevolente da pessoa do "Doutor Marx" e de sua vida "patriarcal", no seio de sua família:

> ... desde essa época (1847) o sr. Marx, o verdadeiro pai da doutrina comunista que chamamos de *lassalismo*, tinha doutrinas muito arraigadas. Retomando ao mesmo tempo as teorias de Saint-Simon,

de Fourier, de Cabet, de Proudhon, de Louis Blanc etc., ele pretendeu fundar uma "escola científica"; segundo ele, é necessário considerar o passado como não tendo existido e somente definir pelo experimentalismo as leis que regerão a sociedade do futuro. O socialismo científico deve tomar como ponto de partida os trabalhos de Bückner *(sic)* e Darwin, as descobertas da filosofia médica e, para constituir a sociedade nova, é preciso que se baseie cientificamente no estudo da constituição do ser humano, na anatomia, na sociologia e na antropologia. Resumindo, de acordo com essa teoria, o homem não é um ser com faculdades complexas e necessidades contraditórias, mas uma espécie de máquina com movimentos determinados e invariáveis, do que segue que se deve formular a lei do indivíduo de acordo com o exame de seus órgãos e os direitos público e internacional a partir dos caracteres das raças humanas.

Essa primeira edição da *Larousse* estava impregnada de um certo espírito liberal. O autor do artigo evidentemente realizou um certo esforço de compreensão. Ele fracassou não por má vontade ou por interpretação tendenciosa, mas pelos limites de seu pensamento.

Ele compreendeu que Marx fundou um "socialismo científico", mas para ele o caráter de ciência somente convém às ciências da natureza. Desse modo, ele não chega a entender que o "socialismo científico" – que ele confunde com o *lassalismo*, a doutrina de Ferdinand Lassale, um discípulo bastante desviado de Marx – se fundamenta sobre uma *sociologia científica*, sobre uma história, sobre uma teoria econômica e política. Reduz o materialismo histórico a um materialismo vulgar, biológico ou fisiológico, e finalmente o identifica com uma espécie de racismo! Além disso, enquanto o método dialético insiste precisamente sobre os múltiplos aspectos *contraditórios* da realidade humana, o autor do verbete exclui toda complexidade e toda contradição da máquina humana cuja descrição "científica" ele atribui a Marx.

Se um comentarista relativamente sincero e objetivo chega a tais absurdos e os batiza de "marxismo", podemos imaginar muito bem o que podem elaborar, para preparar através disso refutações esmagadoras, os intérpretes tendenciosos e os adversários do marxismo!

A título de documentário, incluiremos aqui (pois, vale a pena repetir, uma exposição mesmo incompleta dessas polêmicas ocuparia um longo volume) alguns exemplos de interpretações tendenciosas e de reflexões um pouco fáceis demais do marxismo dentro de diversas áreas.

I. No campo filosófico

O erro mais difundido (voluntariamente ou não) consiste na confusão entre o materialismo histórico (dialético) e o materialismo vulgar (mecanicismo). Este último reduz a natureza à matéria brutalmente definida por suas propriedades mecânicas (volume, densidade, elasticidade etc.). Reduz os seres da natureza a combinações mecânicas dessas propriedades elementares (combinações de partículas ou de corpúsculos: atomismo). Reduz o pensamento a uma secreção, e a consciência a um epifenômeno dos processos fisiológicos ou físico-químicos. Reduz o humano às necessidades elementares orgânicas (comer, beber etc.). Essa redução do complexo ao simples, do superior ao inferior conduz a uma concepção extremamente pobre do mundo e do homem.

É necessário observar que essa teoria, há muito tempo ultrapassada pela física, ou melhor ainda, por todas as ciências da natureza, mantém-se ainda em certas ciências humanas (no *behaviorismo*, de Watson, no *organicismo sociológico* de Spencer, de Schaefflé e, sobretudo, de René Worms).

Historicamente, este materialismo vulgar foi defendido no século XVIII. Mas desde essa época os grandes materialistas, como Diderot, d'Holbach e Helvécio, esforçaram-se de forma mais ou menos obscura – mesmo que tenham quase sempre fracassado em obter a solução – para superar o mecanicismo bruto. Algumas vezes, concebiam a natureza como *um todo* infinitamente complexo, mais do que uma soma ou um conglomerado de partículas isoladas e definidas mecanicamente. Mesmo que isso não tenha sido ainda claro para ele (e que a influência de Lucrécio se encontre em sua obra, tanto quanto a de Spinoza), d'Holbach já enxergava na natureza um "grande todo". Segundo ele, o homem é igualmente um todo, caracterizado por uma essência e uma organização, o que o classifica "em uma ordem e uma classe à parte, na qual difere de todos os animais" pelas propriedades que se descobrem nele, pois "as naturezas particulares" têm suas próprias organizações, mesmo que elas dependam "do sistema geral e da natureza universal" de que fazem parte "e a que tudo quanto existe se encontra necessariamente ligado".[17]

De uma forma ainda mais nítida, Diderot escreveu: "Tudo muda, tudo passa, apenas o todo permanece. O mundo começa e termina incessantemente; a cada instante se encontra em seu começo e em seu fim; nunca houve outro mundo e jamais haverá outro. Neste imenso oceano de matéria não existe uma molécula que se

---

17. D'Holbach, *O sistema da natureza*, Tomo I, p. 11, edição de Londres, 1780. (N.A.)

assemelhe a outra molécula, não existe uma molécula que se assemelhe a si mesma por um só instante. *Rerum novus nascitur ordo*[18], essa é sua inscrição eterna..."[19]

A partir de seu materialismo, que já apresentava em certos pontos, ainda que momentaneamente, a dialética, Diderot formulou uma doutrina da sociabilidade e da felicidade geral e não uma apologia do egoísmo. "Nós explicaremos sempre aos nossos filhos que as leis da humanidade são imutáveis e que ninguém as pode dispensar, e veremos germinar em suas almas o sentimento de benemerência universal que abraça toda a natureza... Dorval, você me disse cem vezes que uma alma terna jamais encarava o sistema geral dos seres sensíveis sem lhes desejar energicamente a felicidade e sem dela participar", diz Constance a Dorval na peça *O filho natural* (Ato IV, cena 3). Um estudo sobre o materialismo de Diderot multiplicaria citações igualmente características.

Se o materialismo dos grandes pensadores do século XVIII ultrapassava algumas vezes o materialismo vulgar – considerando a imensa natureza como um todo orgânico e vivo, e o humano como uma essência, uma ordem e uma totalidade distintas, com suas próprias leis, mesmo que inseparável do todo – com muito maior razão o faz o materialismo dialético!...

Bem antes do que Nietzsche e mais concretamente do que ele, porque de maneira mais social, Marx percebeu o "senso da Terra". Seu materialismo trata do homem terrestre e carnal e o aceita tal como é, na multiplicidade de seus aspectos. Leva em consideração os dados da biologia, da fisiologia e da antropologia. Para ele, o homem "é um ser natural", sendo sempre tratado como tal.

---

18. "A ordem será formada a partir das coisas mais novas", em latim no original. (N.T.)

19. *O sonho de d'Alembert*, Éditions de la Pléiade, p. 924. (N.A.)

Isso significaria então que, para o materialismo dialético, o pensamento, a consciência e o espírito humano não existem ou não são nada mais que "epifenômenos"? Absolutamente não! O pensamento é uma realidade. Precisamente porque é uma realidade, ele nasce, cresce, se desenvolve e talvez se depaupere ou morra, como a espécie humana e juntamente com ela. No indivíduo e na espécie, entre os homens, o pensamento aparece como uma propriedade natural e específica. Ele não pode se separar das outras características e particularidades da espécie humana: cérebro, mãos, posição vertical etc. Somente porque o pensamento se tenha afirmado, fortalecido e confirmado através da luta contra a natureza, da qual emerge, isso não nos autoriza a separá-los. Cabe à antropologia geral estudar por meio dos fatos as condições dessa emergência, na escala da espécie humana; cabe à psicologia e à pedagogia estudá-las no indivíduo particular. Por que razão o homem prolonga o desenvolvimento orgânico por um desenvolvimento social, de tal maneira que a evolução propriamente orgânica parece haver terminado nele e ter se desenvolvido para ele? Por que motivo ele prolonga seu corpo por meio de instrumentos (enquanto que os utensílios dos animais fazem parte integrante de seu corpo)? Como a consciência humana se transforma em possibilidade de ação e dominação sobre a natureza, em atividade crescente que se afasta cada vez mais da passividade perante a natureza? Encontramos aqui, mais uma vez, o problema geral da antropologia. A metafísica pretende resolvê-lo por meio de um decreto absoluto e apresentar uma substância espiritual, ao passo que o materialismo se contenta em estudar os fatos e, tanto aqui como em outros pontos, analisar os fatos em seus relacionamentos, em suas ligações e em seu devir.

Todavia, o pensamento, a tal ponto real que aparece inicialmente como função da ilusão e como função da verdade. O número e a variedade dos metafísicos, das religiões, das morais e das doutrinas políticas demonstram bastante claramente que existiu no ser humano uma verdadeira função ideológica – uma função social de que também é conveniente estudar o nascimento, o desenvolvimento e a desaparição.

Como se formou a razão? Através de uma dupla luta; de um lado contra a natureza ao redor do homem e dentro dele, contra o instinto bruto, contra a espontaneidade – e do outro contra as ilusões, as ideologias, da magia à imaginação metafísica. Todavia, esse conflito não tem nada de eterno; ele se resolve pela vitória da razão sobre a ilusão ideológica e também por sua vitória sobre a natureza, vitória que comporta uma reconciliação profunda com esta última. A razão somente domina a natureza no homem e ao redor dele através do *conhecimento* dessa natureza e do *reconhecimento* de seus próprios laços com ela, pois a razão somente saiu da natureza no decorrer de um desenvolvimento natural.

O materialismo dialético demonstra assim como segue a *dialética* (estudo dos conflitos e contradições na relacionamento interno dos termos em oposição) e o *materialismo*. Ele os une indissoluvelmente ao reencontrá-los nos fatos e no desenvolvimento do homem, um desenvolvimento cujo caráter é ao mesmo tempo *material* (condições orgânicas, técnicas e econômicas) e *dialético* (conflitos múltiplos). Revela-se em toda pesquisa que evite metodicamente isolar os fatos uns dos outros e tampouco da totalidade do processo.

O materialismo dialético prolonga o antigo racionalismo, mas o ultrapassa, ao eliminar-lhe os aspectos limitativos e negativos. Cessa de conceber estritamente a razão universal como interior ao indivíduo e a apresenta em sua universalidade concreta, como razão humana, uma conquista histórica e social do homem. Cessa de separar a razão da natureza, da prática e da vida. Evita, finalmente, privilegiar esse ou aquele aspecto do homem total e definir o humano através de um único aspecto. O que é cada ciência? É o homem tomando consciência da natureza exterior e de sua própria natureza, descobrindo um dos aspectos, um dos elementos, um dos graus da realidade. O que é, portanto, o homem total? Nem exclusivamente, nem unilateralmente físico, nem fisiológico, nem psicológico, nem histórico, econômico ou social. É tudo isso e mais ainda do que a soma desses elementos ou aspectos: é sua unidade, sua totalidade e seu devir. O homem se define pelo conhecimento, pelas ciências, pelo que essas ciências descobrem. Mas as ciências não se determinam senão por meio do homem, que age e que pensa. Ainda que o velho cientificismo se contentasse em privilegiar abusivamente essa ou aquela ciência e conceber tudo fisicamente, por exemplo, ou matematicamente, ou biologicamente – ou em encarar um somatório dos resultados adquiridos pelas diferentes ciências –, o materialismo dialético coloca no centro de suas preocupações *o homem*. Porém, agora se trata do homem em seu devir, do homem que se forma através de seu conhecimento e se conhece por meio de sua formação.

II. No campo econômico

Eis aqui, por exemplo, a refutação do marxismo em um curso ministrado no ano de 1947 em uma grande cidade do sudoeste francês:

"Suponhamos uma taça de ouro cinzelado e uma taça de ferro que exigiram o mesmo trabalho para sua confecção. Se Marx tivesse razão, as duas taças teriam o mesmo valor, o que é absurdo; em consequência, a teoria marxista do valor é absurda..."

Uma vez que esse argumento foi bastante difundido, ele merece uma breve resposta. Para começar, negligencia alguns pontos essenciais:

1º – Marx eliminou expressamente de sua teoria do valor os produtos do trabalho artístico, ou seja, os produtos da atividade estritamente individual e qualitativa. No que se refere a tais produtos, o "valor" é determinado por sua raridade e por seu caráter excepcional – por sua qualidade estética –, pela estimativa que deles faz subjetivamente seu eventual comprador, portanto em função de motivos psicológicos do comprador (pela margem de sacrifícios que ele imporá a si mesmo para a compra do objeto etc.). No que se refere a esses objetos, e somente no que a eles se refere, a teoria "psicológica" do valor se demonstra fundamentada. Os adversários do marxismo estendem abusivamente a zona restrita de produção qualitativa para a qual essa teoria psicológica faz sentido. (É bastante ridículo, para a economia política oficial, que essa teoria puramente psicológica se aplique perfeitamente bem ao mercado negro!) A teoria marxista do valor determinado pelo tempo de trabalho social médio necessário não se aplica – conforme Marx disse e repetiu – senão aos objetos que resultam do *trabalho social*, ou seja, à produção para o mercado, à produção de objetos que podem ser reproduzidos em série.

2º – Marx insistiu fortemente, tanto em sua *Crítica da economia política* como no primeiro livro de *O capital*, no fato de que o valor de mercado do objeto não se determina pelo tempo de trabalho *individual* (o tempo qualitativo, o tempo do operário individual mais ou menos hábil ou mais ou menos bem-equipado) mas pelo *tempo de trabalho social médio necessário* para produzir certo objeto. Dados o equipamento e a organização de um grupo social, do mesmo modo que a média da habilidade dos indivíduos que o constituem, esse grupo, tomado em seu conjunto, dispõe de uma certa produtividade. Os recursos naturais (fertilidade ou pauperismo do solo, riquezas ou pobreza do subsolo, disponibilidade das fontes naturais de energia) entram igualmente nessa noção de produtividade. Já analisamos esse elemento tríplice (natural, técnico, social). Cada objeto representa uma parcela do tempo de trabalho social – um resultado da produtividade do grupo considerado em seu conjunto.

A teoria marxista do valor somente se aplica, portanto, quando o caráter social do trabalho se une com seu aspecto individual e qualitativo. Não se trata de uma teoria mecânica, aplicável segundo seus promotores a não importa qual objeto, produzido não importa em que condições. É uma teoria histórica, que se aplica principalmente à produção *industrial* ao demonstrar como esta produção nasce e se desenvolve a partir da produção familiar, artesanal e assim por diante. Eis porque os adversários do marxismo tiram seus argumentos da produção artística ou da pequena produção familiar ou artesanal, nas quais as características individuais e qualitativas do trabalho se manifestam com maior destaque ou permanecem mais sensíveis que seu caráter social, quantitativo e geral.

Mas enquanto os teóricos puros se obstinam a opor ao marxismo concepções psicológicas do valor, os técnicos e os profissionais, nos países de grande produção industrial, não cometem esse engano. Aplicando, provavelmente sem o saber, os resultados da análise marxista, eles encontram no tempo de trabalho médio (tempo de trabalho socialmente necessário para a produção desse ou daquele objeto), a *medida comum* entre os diferentes trabalhos e produtos. Eles os comparam e calculam numericamente (quantitativamente) os relacionamentos entre os produtos. Eis o que se pode ler em um livro sobre a economia americana: "Tenho sob os olhos um estudo sobre a indústria automobilística dos Estados Unidos... Em tabelas muito completas, o autor compara os preços por quilograma das principais matérias-primas nos dois países (América do Norte e França), do mesmo modo que nós o faremos dentro em breve para calcular as despesas da vida corrente: em minutos de trabalho..." Esse procedimento permite colocar em números a diferença entre a produtividade do trabalho nos Estados Unidos e na França. A relação, algumas vezes, é de cinco para um (especialmente no que se refere à extração de matérias-primas, pois lá as riquezas naturais são muito maiores, e também no aperfeiçoamento das fábricas). "Se examinarmos os produtos manufaturados, veremos as distâncias se atenuarem... A produção de um quilograma de veículos automotores em 1939 necessitava de 2h25 de trabalho na França contra 68 minutos nos Estados Unidos, ou seja, uma relação de 3,3 que, em 1946, passou para 6,15." Nesta última área, indica o autor, a diferença de *produtividade* do trabalho nos Estados Unidos e na França não deriva apenas das riquezas naturais e nem ao menos somente de uma diferença nos procedimentos técnicos. Ela depende também de uma diferença na *organização* do trabalho (e aqui vemos aparecer o papel dos fenômenos *ideológicos* que explicam uma certa resistência na França à organização científica do trabalho...).[20]

Qualquer que seja seu objetivo, os autores desses estudos ficariam talvez bastante espantados ao saber que pensam como marxistas. De fato, eles não são marxistas, porque não deduzem as *consequências* da teoria do valor, ou a teoria da *mais-valia* (do *acréscimo pelo trabalho*), isto é, da venda da força de trabalho pela classe dos assalariados à classe daqueles que possuem como propriedade privada os meios de produção. Seria curioso calcular em

---

20. Citado de P. B. Wolff, *As fábricas nos Estados Unidos*, Paris, 1947. (N.A.)

"minutos-trabalho" os meios de subsistência consumidos pelo operário dentro das condições mencionadas acima; determinar o "valor-trabalho" de seu próprio salário; descobrir quanto tempo em média esses operários trabalham para si mesmos e quanto tempo trabalham para a classe dos capitalistas; comparar o valor da força de trabalho[21] e o valor criado pelo trabalho; determinar, assim, aquilo que Marx denominou de *taxa de exploração*. Mas os autores desses estudos nem sequer sonham com isso. Ao atribuir um valor numérico em minutos-trabalho ao objeto produzido, dividem um total de horas de trabalho médio por um peso, isto é, o peso total dos objetos produzidos. Ao estudar o custo de vida, dividem o salário global, avaliado em dinheiro, pelo preço de tal ou tal objeto e dizem: "Uma roupa que vale tal soma equivale à enésima parte do salário mensal e, por conseguinte, vale tantas horas de trabalho". Esses economistas não percebem que escamotearam um problema fundamental, ou seja, que o "minuto-trabalho" ou a "hora-trabalho" não tem o mesmo sentido no primeiro cálculo do que no segundo, porque nesse segundo cálculo eles negligenciam a produtividade de trabalho do operário, enquanto no primeiro se preocupam somente com esta produtividade. Eles não sabem que Marx demonstrou que a forma-dinheiro do salário "esconde o relacionamento real" implicado pelo próprio salário, "dissimula" o trabalho extra do assalariado[22] e que é somente "na superfície da sociedade burguesa", em sua ideologia, em seus fenômenos superficiais e em suas aparências psicológicas que "o salário do operário

---

21. Os marxistas somente empregam esta expressão. A expressão "valor-trabalho" ou "valor do trabalho" não é marxista, precisamente porque não demonstra a venda da força de trabalho como uma mercadoria com seu valor próprio de mercado, no decorrer do processo de produção capitalista. (N.A.)

22. Conforme *O capital*, III, p. 240. (N.A.)

aparece como o preço do trabalho", de tal modo que todo o seu trabalho "aparece como trabalho pago" e que "a divisão da jornada de trabalho em trabalho extra e trabalho necessário" (para a subsistência do operário) desaparece completamente.

3º – Voltemos à objeção tirada do valor da taça de ouro cinzelada. Marx demonstrou como os metais preciosos representam precisamente o valor em geral e se tornam *o equivalente geral* de todos os valores de mercado. Por quê? Porque eles mesmos já têm um valor. E eles não têm esse valor porque são belos ou raros, mas porque resultam de um trabalho social. A extração de um grama de ouro, seu transporte etc., representam mais trabalho social médio do que a extração e o transporte de um grama de ferro. (A contraprova dessa análise se encontra no estudo da variação dos valores de mercado expressos em ouro em seguimento às variações na produtividade do trabalho nas minas de ouro.)

Assinalemos de passagem uma confusão muito frequente entre o *dirigismo* e a *planificação*, no sentido marxista desta palavra. O dirigismo econômico é frequentemente atribuído ao marxismo, mas isso é um erro. A planificação é exercida sobre a *produção*; ela implica a supressão da propriedade privada dos grandes meios de produção, sua integração no Estado e, por fim e acima de tudo, a gestão do Estado no sentido dos interesses das classes trabalhadoras. Eis, segundo Marx, a noção marxista da planificação, dentro de uma economia socialista que desenvolva racionalmente as forças produtivas e a produtividade do trabalho, ao mesmo tempo que o poder de compra das massas. Dizemos que, ao contrário, como resultado de custosas experiências, o dirigismo se contenta em organizar burocraticamente a *distribuição*; que ele integra ao Estado um aparelho de controle da distribuição gerado e regulado de maneira não democrática; que ele tende a submeter essa distribuição a interesses privados, portanto tende a organizar a rarefação e a carestia dos produtos em detrimento daqueles que trabalham e produzem.

III. No campo sociológico

Os adversários do marxismo oscilam entre duas posições contraditórias que nunca chegam a ser formuladas claramente, quanto menos a ser provadas.

Uns reduzem a realidade social aos relacionamentos *subjetivos* das consciências individuais: essa é a *interpsicologia* (representada principalmente pelos trabalhos de Tarde). Outros representam a realidade social para si mesmos como se fosse uma realidade *objetiva*, portanto independente ou mesmo transcendente em relação às consciências individuais, ou seja, uma substância, um ser metafísico: essa é a concepção de Durkheim. Ora, o marxismo apresenta corretamente e resolve racionalmente o problema da realidade sociológica. Ele analisa os relacionamentos *práticos* dos seres humanos com a natureza e dos homens entre si. Sendo práticos, tais relacionamentos não dependem da consciência dos indivíduos; eles não são subjetivos; entretanto, eles não dispõem da objetividade bruta e totalmente exterior de uma coisa, de uma substância. Eles não são estranhos aos indivíduos que agem e vivem (na medida em que eles assim se tornam, a teoria da alienação explica essa exterioridade relativa). Esses relacionamentos resultam da interação real dos indivíduos dentro das condições de sua atividade. Eles podem, assim, ser estudados cientificamente e não escapam à razão nem como estados fugidios e subjetivos, nem na condição de realidades transcendentes ou substâncias. No que se refere à história, muitos historiadores consideram-na como uma polvadeira de fatos individuais, como se fosse um caos de efemérides sem unidade e sem lei. Outros se esforçam por introduzir nesse caos uma unidade, segundo axiomas ou esquemas pré-estabelecidos que eles impõem de fora para dentro sobre esses fatos. Bem ao contrário, o marxismo mostra como cada fato nasce, a partir da interação dos indivíduos, em tal momento, como um efeito global, quer dizer, social e histórico; e como esse processo social se desenvolve segundo as leis universais do devir como um processo natural. Escapa, desse modo, às dificuldades das duas concepções *unilaterais* da sociedade e da história. O método dialético permite estudar os fatos históricos e sociais tais como são, ao representá-los sem deformações que os tornem "inteligíveis", de tal modo que sejam acessíveis à pesquisa metódica e racional. Ele não apresenta qualquer axioma além da ligação dos fatos com suas contradições, suas interações e seu devir. Afinal, não é essa a condição evidente da inteligibilidade dos fatos sociais e históricos – condição que o marxismo não lhes impõe de fora para dentro, nem de maneira apriorística, mas que encontra e reconhece dentro deles?

Nesse campo, a polêmica, extremamente complexa, utiliza contra o marxismo duas séries de argumentos contraditórios. Por vezes afirmam que a realidade histórica e social – a realidade humana, em geral – se apresenta complexa demais, mutável em demasia e excessivamente individual para se deixar capturar por uma ciência, uma vez que o marxismo afirma ser científico, por conseguinte deixaria escapar tal realidade. Por outras, declaram que a realidade humana pode ou poderia ser compreendida racionalmente (cientificamente), mas que o marxismo fracassa nessa tentativa, porque não é uma ciência, mas um posicionamento político, uma ação premeditada e até mesmo, segundo expressam alguns, um "mito" político. Talvez o estudo precedente tenha demonstrado suficientemente, apesar de sua brevidade, como o marxismo passa ileso por entre essas duas séries contraditórias de objeções. Escapa de todas elas, precisamente porque *resolve* essas contradições. Para aqueles que não são materialistas ou dialeticistas, a realidade histórica e social aparece como reduzida a fatos individuais e anedóticos, mutáveis e demasiado complexos para se deixarem captar racionalmente, ou então como uma realidade substancial, exterior e brutalmente objetiva, escapando ao controle de qualquer ação ou até mesmo da razão.

O marxismo se libera desse dilema e resolve a contradição. Ele apresenta uma noção mais elevada e mais profunda da objetividade. A objetividade de conhecimento não implica a eliminação do homem pensante e agente, bem ao contrário. É em seu relacionamento ativo com as realidades e por meio dele que o homem as penetra e captura em seu devir ao inserir-se nesse devir; o homem compreende as coisas ao transformá-las. De fato, a noção bruta de objetividade corresponde a um mecanicismo e a um determinismo simplistas. Ela dá lugar, na pesquisa do homem vivo, a todas as fantasias especulativas, a partir do simples fato de que exclui a consciência e o homem de um mundo científico, que reduz a um mecanismo morto. Essa concepção se encontra já ultrapassada pelas ciências da natureza. O materialismo dialético constata tal superação e estende à história e à sociologia essa aquisição do pensamento moderno.

IV. No campo político

Neste plano, as polêmicas são demasiado apaixonadas, atuais demais, importantes em excesso para que se possa abordar seu estudo de forma útil neste livro. Na verdade, o leitor que desejasse ficar a par das discussões a respeito do marxismo deveria estudar toda a vida política dos últimos 75 anos.

Uma única observação: em geral, os adversários das ações políticas inspiradas no marxismo consideram isoladamente essas ações e raramente buscam compreendê-las em função de seus argumentos doutrinários. Esse erro de método vicia quase todas as discussões.

Por exemplo, a dialética (teoria do devir) diz que as realidades mudam, portanto as situações históricas também se modificam. Ela mostra que a ação que não se insere no devir de um momento dado, sem levar em consideração a situação, é uma ação fadada ao fracasso. A ação política inspirada no marxismo apresenta assim uma profunda continuidade no método de análise e em seus *fins* (trata-se sempre de agir sobre os relacionamentos humanos, no sentido de seu devir e de suas possibilidades, para os transformar e organizar racionalmente); mas ela apresenta uma variação perpétua nos *meios* empregados, nas palavras de ordem momentâneas... O historiador sabe que todo homem de ação sempre procedeu assim, com mais ou menos fineza na compreensão do devir e das situações mutantes. O historiador sabe também que muitas derrotas se explicam pela incompreensão, pela rigidez perante o devir, pela manutenção de diretivas superadas pelos acontecimentos. Mais uma vez, admiramos em Richelieu ou em Napoleão sua compreensão e sua agilidade perante os fatos; mas os culpamos – após o fato – por seus erros, inadaptações e rigidez. Ora, esses grandes estadistas só conheciam empírica e confusamente a dialética da ação e do devir. No marxismo, esse conhecimento se torna racional. Abertamente, o dialético marxista diz: "Eu ajo para atingir os mesmos fins, mas modifico os meios para atingi-los. Eu não me comporto às seis horas de uma tarde de inverno como me comportei às seis horas de uma tarde de verão!" Ora, o que se vê é reprovarem os marxistas por fazerem aberta, consciente e racionalmente o que todo mundo fez e ainda faz confusa e empiricamente. Isso é o resultado indubitável de não compreender o liame – que o marxismo afirma ser racional – entre a doutrina e a ação, por não tomar consciência da mobilidade das coisas. Facilmente os marxistas são acusados de "maquiavelismo"; são suspeitos de dissimular os piores desígnios (como se os fins e os objetivos de sua ação não estivessem escritos clara e definidamente desde Marx!); por fim, levantam problemas obscuros e insolúveis sobre a relação, todavia racional, entre os "meios" e os "fins", sem querer compreender que, *para um marxista, o fim é o juiz dos meios.*

Será necessário repetir que essas questões exigem um exame especial e detalhado, que o leitor não encontra aqui senão uma moldura geral para examiná-las imparcialmente e, talvez, encontrar sua resolução?

Será necessário dizer que o método marxista pretende ser racional, mas que isso não significa ser infalível? Que os erros e derrotas são possíveis para a razão humana, tanto no que se refere ao homem, como no que tange à natureza? Que também no domínio da natureza é preciso que a experiência informe a razão, que os fatos e o pensamento cooperem e se unam em um mesmo movimento? Que o conhecimento das relações humanas contraditórias e a ação sobre esses relacionamentos – as soluções dos problemas que eles apresentam – progridem de modo hesitante? Que pelo fato de que um ativista marxista acredita ser um engenheiro das forças sociais, seus esforços em direção à maior consciência e à maior eficácia não lhe conferem quaisquer poderes miraculosos, e que, finalmente, nem seus sucessos, nem suas derrotas devem ser interpretados em função de não se sabe quais potências ocultas...

Os adversários do marxismo tentaram frequentemente refutar esse ou aquele ponto (por exemplo, a Teoria do Valor ou a Teoria do Estado). Contudo, eles raramente atacaram o conjunto, isto é, o marxismo como *concepção de mundo*. Por quê? Sem dúvida porque o ignoravam. Mas não podem ser condenados por isso. Para os próprios marxistas, o marxismo revelou sua amplitude apenas lentamente. Marx nunca expôs de forma doutrinária sua nova concepção de mundo. De modo geral, ele apenas nos deixou indicações sobre os problemas essenciais. Ele desenvolveu pontos importantes (como a Teoria do Capital), mas que, de fato e de direito, não se separam de questões mais gerais de lógica e de metodologia. Naturalmente, o primeiro lugar em que se deve pesquisar o marxismo é na obra de Marx, mas é importante não tomar os textos de Marx literalmente, como textos mortos; o que importa é não procurar neles um sistema fechado e acabado. A concepção de mundo sob a qual Marx assinou seu nome também se encontra em devir, em via de enriquecimento e aprofundamento perpétuos. É precisamente por isso que ela não aparece como uma corrente à parte da cultura em geral e das diversas culturas que coexistem no mundo atual.

Os adversários do marxismo, aliás, já abandonaram hoje seus esforços de refutação peça por peça, fragmento por fragmento. O projeto atualmente em moda é o de *ultrapassar o marxismo*.

Esse projeto significa, inicial e precisamente, que o tempo das polêmicas fragmentárias já se encontra ele mesmo ultrapassado. O que se impõe a exame é o marxismo como um conjunto – como uma concepção de mundo.

Que se quer dizer por meio desta fórmula: *ultrapassar o marxismo*? Não basta lançar o dístico. É preciso igualmente realizar o projeto. Onde se encontra a concepção de mundo que ultrapassaria o marxismo? Não a vemos em parte alguma. Somente a concepção cristã do universo possui a amplitude que lhe permite opor-se doutrinariamente ao marxismo; mas não é possível ver em que e como o tomismo ultrapassa o marxismo! De fato, aqueles que prometeram ultrapassar o marxismo compreenderam uma necessidade ideológica, ou seja, a de acabar com as chicanas sobre os detalhes, mas não puderam realizar seus programas e, de fato, acabaram voltando às polêmicas fragmentárias...

Talvez com essa declaração se queira dizer que nem tudo foi dito por Marx. Ora, só podemos estar perfeitamente de acordo com essa afirmação. Por exemplo, Marx analisou o Capital. Faltou-lhe e falta ainda analisar os *capitalismos*, nos diferentes países do mundo, com suas estruturas particulares, suas características concretas, seus graus de desenvolvimento, seus diferentes setores, as formas de Estado a que se anexam etc. Ainda falta analisar, na situação presente, a crise do capitalismo, essa crise anunciada por Marx, mas que ele não pôde compreender e da qual não se pode descrever as modalidades concretas, porque a previsão científica não se confunde nem pode ser confundida com qualquer dom de profecia!

Portanto, se é nesse sentido que se pretende "ultrapassar o marxismo" – através da análise dos fenômenos e acontecimentos novos –, não há qualquer objeção. Mas como analisar o devir do mundo moderno naquilo que ele possui de original, sem partir de Marx, sem empregar o seu método? Não será possível enquanto não for descoberto um método novo, o que não parece ter sido realizado, nem estar a ponto de vir a ser.

O projeto de superar o marxismo provavelmente não faz muito sentido nem tem muito futuro, porque o marxismo é a concepção de mundo *que se ultrapassa a si mesma.*

Ele se ultrapassa não no sentido superficial do termo – por uma revisão incessante e apressada dos princípios e do método –, mas em um sentido realmente válido, por meio de um aprofundamento e de um enriquecimento. É assim que se desenvolve toda a ciência, ultrapassando-se a si mesma; o que não significa confusão e caos, a não ser para os adversários superficiais da ciência. A superação significa, bem ao contrário, uma *integração* perpétua de aquisições novas ao já adquirido, uma compreensão de fatos novos em função do saber adquirido e do método elaborado, uma continuação mais ou menos rápida, dependendo dos momentos dessa elaboração.

Nesse sentido e para terminar este estudo em um aparente paradoxo, podemos lançar a seguinte questão: "Como ultrapassar uma concepção de mundo que inclui em si mesma uma teoria da ultrapassagem? E que se pretende expressamente mutável porque é uma teoria do movimento? E que, caso se transforme, se transformará segundo a lei interna de seu próprio devir?"

BIBLIOGRAFIA

A) Principais obras de Karl Marx:

1) Diferença entre a filosofia da natureza de Demócrito e a de Epicuro, tese de doutorado, 1841, publicada por Franz Mehring em *Literarische Nachlass* [*Herança literária* {Obras póstumas}], tradução francesa Molitor, edição Costes, *Obras filosóficas de Marx*, Tomo I.
2) A questão judaica (1843), *idem, ibidem*.
3) *Crítica da Filosofia do Direito de Hegel* (1844), *idem, ibidem*, tradução francesa Molitor, edição Costes, *Obras filosóficas de Marx*, Tomo I e Tomo V.
4) Manuscrito econômico-político de 1844, encontrado e publicado por Riazanov no *Marx-Engels-Archiven* [*Arquivos Marx-Engels*], Frankfurt, 1928-1932, tradução francesa Molitor, edição Costes, *ibidem*, Tomo V.
5) A Santa Família, crítica da "Crítica à crítica" (1845), publicada em *Literarische Nachlass* [*Herança literária* {Obras póstumas}], tradução francesa Molitor, edição Costes, *idem, ibidem*, Tomos II e III.
6) *A ideologia alemã* (1845-1846), publicado por Riazanov, tradução francesa Molitor, edição Costes, *ibidem*, Tomos VI a IX.
7) *A miséria da filosofia. Resposta à Filosofia da Miséria de Proudhon*, tradução francesa, Éditions Sociales, nova edição, 1945.
8) *Manifesto do Partido Comunista* (1848), numerosas edições e traduções.
9) *O Dezoito de Brumário de Louis Bonaparte* (1852), tradução francesa, Éditions Sociales, nova edição, 1945.

10) *Introdução à crítica da economia política* (1857), publicado por Kautsky, tradução francesa Giard Editor.

11) *Salários, preços e lucros* (1865), tradução francesa, Éditions Sociales, nova edição, 1945.

12) *O capital*, Tomo I (1867), Tomo II (1893), Tomo III (1894), os dois últimos tomos editados por Engels após a morte de Marx, tradução francesa Molitor, edição Costes, 14 volumes (tradução Roy, 1872-1875, em curso de reedição).

13) *A guerra civil na França* (1871), tradução francesa, Éditions Sociales, nova edição, 1945.

14) *As lutas de classes na França* (1848-1850).

15) *Teorias sobre a mais-valia* (última parte de *O capital*, publicada por Kautsky, 1910, Stuttgart; tradução Molitor sob o título de *História das doutrinas econômicas*, oito volumes, edição Costes).

B) Estudos sobre Karl Marx:

O melhor estudo de conjunto sobre o marxismo ainda é, evidentemente, o *Anti-Dühring*, de Friedrich Engels (tradução Molitor, edição Costes; tradução E. Botigelli, Éditions Sociales). Ver também: Vladimir Lênin: *Karl Marx e sua doutrina*.

Sobre a vida de Marx, o leitor poderá consultar a grande obra de Auguste Cornu: *Karl Marx et Friedrich Engels*, PUF. Ver também M. Rubel, *Marx, essai de biographie intellectuelle* [*Marx, tentativa de uma biografia intelectual*], um livro que pretende ser "marxólogo" e não "marxista" (Rivière, 1957).

Assinalamos ainda:

H. Lefebvre. *Pour connaître la pensée de Marx* [*Para conhecer o pensamento de Marx*], Editora Bordas.

H. Lefebvre. *Le matérialisme dialectique* [*O materialismo dialético*], PUF, *Problèmes actuels du marxisme* [*Problemas atuais do marxismo*], (*idem*), *La sociologie de Marx* [*A sociologia de Marx*], coleção "Sup" (*idem*), *Marx* coleção "Sup" (*idem*).

H. Lefebvre. *La somme et le reste* [*A soma e o resto*], reedição Bélibaste, Paris 1972.

K. Axelos. *Marx penseur de la technique* [*Marx, o pensador da técnica*], Éditions de Minuit, 1961.

P. Naville. *De l'aliénation à la jouissance* [*Da alienação ao regozijo*], Ed. Rivière, 1957.

J.-Y. Calvez. *La pensée de Karl Marx* [*O pensamento de Karl Marx*], Éditions du Seuil, 1956.

Finalmente, para aqueles que desejarem conhecer a interpretação stalinista do marxismo, recomendamos:

R. Garaudy, *La liberté* [*A liberdade*], Éditions Sociales, 1955.
L. Sève, *La différence* [*A diferença*], Éditions Sociales, 1959.

lepmeditores
www.lpm.com.br
o site que conta tudo

IMPRESSÃO:

PALLOTTI
GRÁFICA

Santa Maria - RS | Fone: (55) 3220.4500
www.graficapallotti.com.br